APPRENDIMENTO STRATEGICO

Come utilizzare e potenziare le nostre risorse con metodi
innovativi per apprendere

Monica Pierlorenzi

APPRENDIMENTO STRATEGICO

ISBN: 978-1-326-33671-4

a Emanuele

«Il vero segreto dell'apprendimento è avere sempre una mente da principiante perché nella mente di un principiante ci sono molte possibilità, nella mente di un esperto, poche.»

Shunryu Suzuki

INDICE

INTRODUZIONE

L'apprendimento definito in base all'etimologia della parola deriva dal latino apprehendere e significa "prendere", "afferrare" qualcosa che c'è. Si può considerare un processo attraverso il quale si acquisiscono nuove conoscenze.

Gli esseri umani sono in grado di apprendere già dal loro stato fetale e successivamente dal primo giorno di vita, tantoché apprendimento e sviluppo sono legati inseparabilmente.

Sull'apprendimento influiscono diversi aspetti, quelli personali derivanti da esperienze individuali e propri stili di apprendimento e strategie cognitive, quelli che derivano dai mezzi di comunicazione e dai processi che regolano lo scambio di informazioni, quelli che sono impostati dagli enti educativi con modelli prestabiliti e formalismi adottati, e quelli che derivano dall'ambiente esterno come stimoli ed informazioni. Da questo ne deriva che l'apprendimento ha una struttura dinamica che si sviluppa attraverso un approccio multidisciplinare e non segue un percorso lineare e sequenziale.

E' importante analizzare la storia, le teorie che si riferiscono all'apprendimento quali il Comportamentismo, il Cognitivismo, e il Costruttivismo, necessarie per comprendere l'evoluzione nel tempo degli studi in tema di apprendimento.

L'apprendimento può essere considerato una funzione dell'adattamento nel comportamento di un soggetto risultato da una esperienza ovvero un processo attivo di acquisizione di comportamenti stabili in funzione dell'adattamento dovuto essenzialmente a stimoli interni o esterni.

In un contesto di apprendimento per competenze, il saper apprendere è un processo complesso che si rivolge alla globalità della persona e si configura come una competenza trasversale, comprendente atteggiamenti e procedure.

Tutto ciò è possibile attraverso la predisposizione di un ambiente strutturato come luogo educativo di apprendimento, in cui ogni cosa deve essere finalizzata a fare in modo che la persona impari ad imparare non soltanto i codici alfabetici ma anche quelli del vivere e dell'essere.

La relazione tra motivazione e apprendimento risulta essere mediata da diversi aspetti, che variano in base ai differenti approcci teorici e modelli, ai propri stili cognitivi ed al tipo di Leadership che viene adottata.

Valutare le abilità metacognitive vuol dire studiare in modo obiettivo e sistematico i processi che comportano sempre più raffinate procedure metacognitive, al fine di ottimizzare i risultati e giungere, per ognuno, alla più produttiva autoregolazione cognitiva.

La valutazione è anche una componente intrinseca delle più comuni *routines* metacognitive: una volta stabilito quale comportamento strategico mettere in atto, avviene la valutazione delle caratteristiche del compito, quindi parte la ricerca delle strategie più appropriate e l'applicazione; un momento valutativo ritorna nella fase del controllo dell'efficacia del percorso svolto.

La valutazione può essere considerata, in ottica di didattica metacognitiva, come componente del processo di insegnamento-apprendimento utile al riconoscimento ed alla valorizzazione delle capacità di dare senso agli eventi o agli oggetti del mondo circostante.

Sicuramente in un'epoca avanzata dall'informatica, gli strumenti innovativi, rispetto all'apprendimento derivante da modelli scolastici stereotipati, possono rappresentare un punto di forza per la facilitazione dei processi di acquisizione, studio e conoscenza di nuovi materiali.

Le mappe concettuali si rivelano un efficace strumento per visualizzare i processi cognitivi attivati da percorsi di didattica metacognitiva.

Le mnemotecniche attivano la creatività ed il pensiero laterale e rompendo gli schemi dell'apprendimento tradizionale ne facilitano il processo.

Uscendo dagli schemi tradizionali, utilizzati ed insegnati nel periodo scolastico, che fanno uso prevalentemente del pensiero verticale o pensiero logico, possono essere utilizzate metodologie che facilitano il *problem solving*, abbandonare le gabbie mentali che impediscono una più utile elaborazione dell'informazione, sviluppando le abilità nell'uso del pensiero laterale.

Parlando di evoluzione è interessante analizzare la migrazione da modelli di apprendimento tradizionali a modelli che includono una maggiore personalizzazione del contenuto ed un maggior controllo da parte dell'utente, una formazione di terza generazione che attraverso la rete, tramite la tecnologia telematica, con i nuovi metodi dell'e-learning è in grado di permettere la comunicazione non solo da uno ad uno, ma da uno a molti ed anche da molti a molti.

CAPITOLO PRIMO

LA STORIA DELL'APPRENDIMENTO

1.1 Il Comportamentismo

La teoria comportamentista ha il merito di aver affrontato per prima lo studio del comportamento umano, partendo da un inquadramento teorico rigoroso, con l'ausilio di indagini obiettive. Nel 1913 John Watson assume in un suo lavoro che fu definito " la rivoluzione comportamentista", la psicologia ha bisogno di concentrarsi su uno specifico oggetto di studio che possa essere osservato e preso in esame dagli studiosi interessati.[1] Il comportamento inteso come l'insieme delle risposte muscolari e ghiandolari di un soggetto è l'oggetto di studio della teoria comportamentista, che nasce agli inizi del 900' proponendo un nuovo metodo basato sulla ricerca sperimentale, prevalentemente veicolata sugli animali, nell'intento di superare ogni ragionamento astratto, attenendosi scrupolosamente ai risultati di laboratorio. Watson, con la pubblicazione di un articolo relativo al rapporto tra comportamento e psicologia, si

---

[1] SOLA G. *Storia della scienza politica: teorie, ricerche e paradigmi contemporanei*, Nuova Italia scientifica,1996

15

ritiene che inizi la prima fase del Comportamentismo, supportata poi con tecniche di osservazione applicate a gruppi e con l'elaborazione di test psico-attitudinali riferiti alla motivazione degli individui. Gli assunti principali della teoria Comportamentista riguardano: il primo, il comportamento come risultato di un processo di apprendimento, il secondo, relativo ad ogni atto costituente una modalità di comportamento, che sia acquisito indipendentemente, e che qualunque sequenza o combinazione di comportamenti sia eseguita con uguale facilità.[2]

L'idea di base quindi è che sia possibile indurre un apprendimento, il cui risultato viene evidenziato da una modifica del comportamento, fornendo opportuni stimoli alla persona. Gli stessi stimoli producono risposte desiderate. Una delle condizioni perché l'apprendimento abbia luogo è che il comportamento evidenziato venga ripetuto tramite rinforzi positivi.[3]

Skinner, uno dei maggiori rappresentanti del comportamentismo, estese i suoi studi sul condizionamento del comportamento degli animali agli esseri umani, e propose processi di insegnamento che, attraverso stimoli opportuni, producessero comportamenti desiderati, che

---

[2] *Ibidem*

[3] MACCHI C.,VALENZA E., SIMION F. *Lo sviluppo cognitivo- Dalle teorie classiche ai nuovi orientamenti* 2004 Il Mulino *passim*

successivamente per essere mantenuti   dovevano essere opportunamente rinforzati.[4]

Oggetto di studio è quindi il comportamento che deve essere osservabile, descrivibile e valutabile.

Il comportamentismo si propone di studiare esclusivamente il comportamento osservabile. I comportamenti partono dal dualismo tra mente e corpo. La rivoluzione teorica che viene introdotta dal comportamentismo, si individua nel rifiuto dell'introspezionismo, che non accetta la possibilità di studiare la struttura della mente attraverso la spiegazione verbale dei propri pensieri e delle proprie sensazioni. Si assume quindi che per studiare l'uomo, con lo studio del comportamento osservabile, sia possibile risolvere le funzioni mentali a partire dallo studio del corpo. I comportamentismi si rifiutano di studiare la mente definita come Black box, ossia un dispositivo le cui operazioni interne non possono essere indagate e di cui sono rilevabili solo gli input (stimoli in entrata) e gli output (risposte in uscita). Il ritenere irrilevanti i processi biologici per spiegare il comportamento e l'insistere sull'azione degli stimoli nel modulare le risposte hanno indotto i comportamentisti a misconoscere il ruolo dei fattori innati e a considerare le caratteristiche dell'individuo determinate prevalentemente dall'ambiente, che modificherebbe i comportamenti attraverso processi di condizionamento.[5] Altri esponenti di picco di questa corrente sviluppatasi dai primi decenni del

---

[4] *Ibidem*
[5] *Ibidem*

1900 al 1960 sono Ivan Pavlov, Cark Hull, Edward Thorndike.[6]

Di Ivan Pavlov si ricorda un esperimento svolto su un cane che esemplifica il riflesso condizionato. Attraverso uno stimolo naturale si può produrre il verificarsi di un determinato evento, Pavlov dimostrò che gli esseri umani e gli animali imparano ad associare uno stimolo con un altro; sperimentò la fase di condizionamento facendo coincidere il dare da mangiare ad un cane con un suono di campanello. Associando per un certo numero di volte la presentazione di cibo al cane con un suono di campanello, verificò che il solo suono del campanello determinava la salivazione nel cane. La salivazione era perciò indotta nel cane da un riflesso condizionato provocato artificialmente.

Dopo varie ripetizioni, lo stimolo del campanello si trasformava in stimolo condizionato capace di produrre da solo una risposta, questa volta condizionata, di salivazione. Pavlov si rese anche conto che, più breve era il tempo fra la suoneria e l'arrivo del cibo, più rapido era l'apprendimento del riflesso.

La salivazione era un comportamento riflesso che era attivato dalla vista o odore della carne e rappresentava lo *stimolo incondizionato*, il campanello era uno *stimolo neutro,* che per l'organismo non aveva alcun significato, ma se associato a uno stimolo incondizionato, lo stimolo neutro poteva diventare uno stimolo condizionato.

---

[6] *Ibidem*

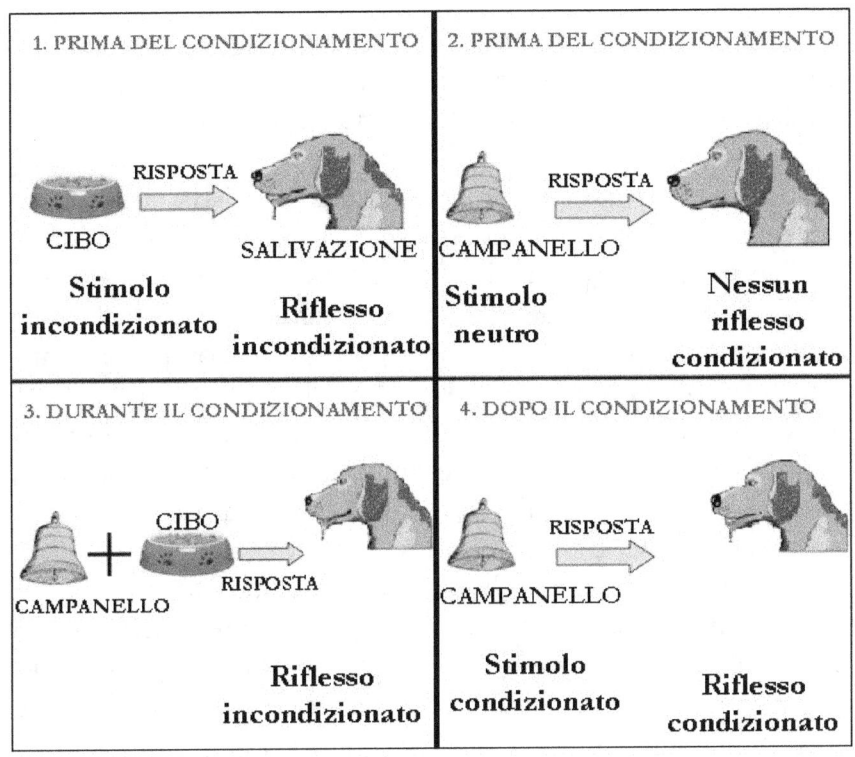

L'apprendimento in base alla teoria comportamentista è evidente quando si stabilisce una collegamento prevedibile tra un segnale nell'ambiente, che rappresenta lo stimolo, un comportamento, che identifica la risposta allo stimolo, e una conseguenza, il rinforzo; con l'esperienza e la pratica il legame si fa più forte e il tempo che intercorre tra il segnale e il comportamento si riduce sempre più, il comportamento di colui che apprende risulta così essere un adattamento alle contingenze degli eventi degli obiettivi; ogni persona ha una propria storia di rinforzi, la somma di tutte le esperienze passate con tutte le connessioni tra segnali comportamenti conseguenze.

Se prendiamo in esame i sistemi di istruzione e di insegnamento che si fondano su i criteri comportamentisti dell'apprendimento, si rileva che essi si concentrano sul condizionamento del comportamento del discente; l'insegnante manipola i cambiamenti di comportamento utilizzando rinforzi selettivi, ha il ruolo, inoltre, di determinare le abilità e capacità che portano al comportamento desiderato e ad assicurarsi che i discenti li facciano propri gradualmente. Un modello di istruzione che rispecchia la teoria comportamentista è chiamato *Explicit Teaching*[7] o istruzione diretta. Rappresenta un metodo di insegnamento sistematico utilizzato per la presentazione del materiale didattico attraverso piccoli step, e programmando delle pause attraverso le quali sia possibile individuare la comprensione dello studente e venga stimolata la partecipazione attiva di tutti gli altri membri del gruppo. Il modello prevede sei importanti funzioni dell'insegnamento: l'esame giornaliero, la pratica guidata, le correzioni, il feedback, la pratica indipendente, gli esami settimanali e mensili.

---

[7] B.Rosenshine, 1986 *Journal of Teacher Education* May 1987   vol. 38 no. 3 pp.34-36

1.2 Il Cognitivismo

Il cognitivismo nasce dalla corrente neocomportamentista formata da psicologi come Koch, Tolman, Hebb, cha avevano cominciato ad elaborare concetti quali il *purposive behaviour* , comportamento intenzionale, e che si erano resi conto che limitare l'oggetto di studio al comportamento osservabile e misurabile, si sarebbe dimostrato nel tempo un approccio limitato.[8]

La spinta al cognitivismo deriva anche dalla comanda militare legata alla seconda guerra mondiale, quando si evidenziò il problema, dipendente dall'interazione tra i soldati e le interfacce belliche, dello human factors, ossia la qualità della prestazione influenzata, oltre che da fattori atmosferici, fisici, emozionali, anche dalle caratteristiche dell'interfaccia, indifferentemente dalla tipologia: fucile, cabina di pilotaggio o altro, per fare in modo di essere utilizzata nel migliore dei modi. Quindi il poter valutare i punti di forza ed i punti di debolezza caratterizzanti la prestazione del soggetto durante l'esecuzione.

Con il cognitivismo, lo studio prima impostato sul comportamento osservabile viene rivolto ai processi cognitivi, divenuti onnipresenti e necessari per l'elaborazione elle informazioni con conseguente decisione per la risposta.[9]

---

[8]MACCHI C.,VALENZA E., SIMION F. *Lo sviluppo cognitivo- Dalle teorie classiche ai nuovi orientamenti* 2004 Il Mulino passim
[9] *Ibidem*

21

Neisser viene considerato il fondatore del cognitivismo, egli afferma che:

"tutto quello che sappiamo della realtà è stato mediato non solo dagli organi di senso, ma da sistemi complessi che interpretano continuamente l'informazione fornita dai sensi"[10]

Secondo le teorie cognitiviste l'apprendimento è un processo conoscitivo che trae origine dal bisogno di costruzione e di strutturazione del reale, implicito nell'interazione tra l'io e l'ambiente. Si osservano i cambiamenti che avvengono nelle strutture cognitive del soggetto e della sua personalità.

Nel cognitivismo vengono studiati attentamente i cambiamenti di comportamento, quali indicatori di ciò che sta accadendo nella mente del soggetto esaminato. Egli infatti guarda la realtà oggettiva, propria di ogni momento e situazione della vita, utilizzando la realtà esterna imposta socialmente ed esistente solo a livello cognitivo come modello mentale.[11]

La mente viene posta in primo piano come struttura elaborata e complessa, non più come magazzino nel quale si accatastano conoscenze abilità.

I metodi di insegnamento di matrice cognitivista hanno come obiettivo quello di dare la possibilità ai discenti di osservare, inventare, scoprire strategie cognitive adatte al determinato contesto.[12]

---

[10] NEISSER 1967

[11] *Ibidem*

[12] NICOLETTI R., RUMIATI R. *I processi cognitivi* Il Mulino 2006 passim

L'insegnante, offrendo spunti, feedback, costruisce una struttura che sarà utile ad ogni studente per controllare autonomamente i propri processi di apprendimento.

L'apprendimento sequenziale deve essere effettuato in modo tale che il discente si impossessi degli *skills* richiesti da un'attività e riscopra le condizioni in cui applicarle. Ciò richiede una sequenza di compiti sempre più complessi.

I sistemi di istruzione e di insegnamento che si fondano sul cognitivismo si focalizzano sulla trasmissione al discente di modelli mentali che egli dovrà seguire, acquisendo abilità cognitive che gli consentano di agire con efficacia.

Sarà necessario utilizzare strategie per la risoluzione dei problemi, strategie per la gestione del sapere a livello cognitivo, essere in grado di strutturare e determinare gli obiettivi di pianificazione strategica di monitoraggio di valutazione, e mettere in atto strategie di apprendimento e abilità per poter esplorare campi nuovi ed aumentare le proprie conoscenze.

Altre teorie dell'apprendimento, come quelle emerse nell'ambito dell'approccio fenomenologico umanistico di Carl Rogers e Abraham Maslow, collegano l'apprendimento al bisogno di crescita della personalità che ristruttura se stessa nell'atto dell'apprendere come fatto globale. La personalità è quindi coinvolta a livello emotivo ed affettivo oltreché cognitivo.

1.3 Il Costruttivismo

Il costruttivismo può essere considerato un corollario delle teorie cognitiviste, è una filosofia dell'apprendimento che, facendo riferimento alle esperienze passate, presuppone la costruzione della coscienza del mondo in cui si vive. Ogni persona è in grado di generare le proprie regole ed i propri modelli mentali che influenzano il significato delle sue esperienze.

Il costruttivismo assume che la conoscenza è il prodotto di una costruzione attiva da parte del soggetto che è strettamente collegata alla situazione concreta in cui avviene l'apprendimento.

Non c'è quindi differenza tra la tipologia di conoscenza, e così anche qualsiasi ritmo di apprendimento può considerarsi ottimale. La conoscenza è un operazione d'interpretazione semantica che il soggetto attiva tutte le volte che vuole comprendere la realtà che lo circonda.

Una distinzione fondamentale rispetto a ciò che viene considerato come significato esplicito della conoscenza, è che per la teoria comportamentista la conoscenza è intesa come risposta passiva, automatica, agli stimoli ambientali, per la teoria cognitivista è una rappresentazione astratta e simbolica nella mente degli individui, e per la teoria costruttivista la conoscenza è invece da considerarsi come una entità complessa costruita da ciascuno ogni volta che passa attraverso un processo di apprendimento.

La conoscenza diventa personale ed elaborata da ogni soggetto, e non può essere trasmessa da un individuo all'altro.

Il costruttivismo con il contributo della ricerca di Vygotskij, David Jonassen, Papert, Bruner, ha rielaborato le teorie formulate da Piaget dando vita ai paradigmi riguardanti il costruttivismo sociale, socio-interazionista e culturale.[13]

Si costruiscono nuove conoscenze sia in base a quelle già in possesso che anche attraverso la negoziazione e condivisione dei significati; si parla di "costruzione" della conoscenza, di "interazione concettuale"[14]. La denominazione di costruttivismo deriva dall'idea del modo in cui il bambino costruisce e ricostruisce i concetti base e le forme logiche di pensiero che costituiscono la sua intelligenza. Questa costruzione avviene tramite l'interazione con l'ambiente.

La concezione dell'ambiente per i costruttivisti è diversa anche dalle concezioni empiristiche. L'ambiente rappresenta qualcosa che è rilevante per il soggetto e a cui egli può rispondere in modo significativo, in modo da poterlo assimilare in strutture già esistenti, o adattare tali strutture per permettere l'assimilazione. [15]

Il costruttivismo considera il soggetto che apprende elemento centrale rispetto al processo formativo *learning centered*, a differenza di una modalità formativa basata

---

[13] GIACONI C. *Le vie del costruttivismo* Armando Editore, 2008 passim
[14] Bloom, cit. Varisco, 1996
[15] GIACONI C. *Le vie del costruttivismo* Armando Editore, 2008 passim

sull'elemento centrale considerato nell'insegnante *Teaching centered* come custode di un sapere universale, astratto e indipendente dal contesto di riferimento.

L'assunto fondamentale del costruttivismo è promuovere il confronto derivante da più prospettive individuali, l'apprendimento è considerato come un'attività personale e come risultato di una dimensione collettiva di interpretazione della realtà, la nuova conoscenza si costruisce sia da quanto è stato acquisito da passate esperienze ed anche e soprattutto attraverso la condivisione e negoziazione di significati espressi da una comunità di interpreti.[16]

Nel costruttivismo l'apprendimento viene considerato il risultato di una elaborazione ricettiva indipendente di dati, e non una trasmissione di informazioni, la formazione viene attuata in uno specifico contesto in cui il soggetto spinto dai propri interessi del proprio background culturale costruisce attivamente una propria integrazione nella realtà attraverso un processo di integrazione di molteplici prospettive offerte.[17]

Secondo quanto sostenuto da David H. Jonassen, che viene considerato uno dei principali teorici del costruttivismo, la creazione di un ambiente di apprendimento strutturato in base ad un metodo costruttivista è più difficile rispetto alla progettazione di procedure didattiche tradizionali, dal

---

[16] *Ibidem*

[17] MASON LUCIA, *Psicologia dell'apprendimento e dell'istruzione*. Mulino 2006 passim

momento che processi di costruzione della conoscenza sono sempre inseriti in contesti specifici e le tipologie di supporto all'apprendimento programmate in un dato contesto, sono difficilmente adattabili ad un altro contesto.

E' molto importante come predisporre un contesto formativo, in modo che esso sia organizzato in modo da poter offrire una varietà di stimoli e percorsi personalizzati di accesso ai contenuti, per favorire lo scambio e la negoziazione tra i discenti .

28

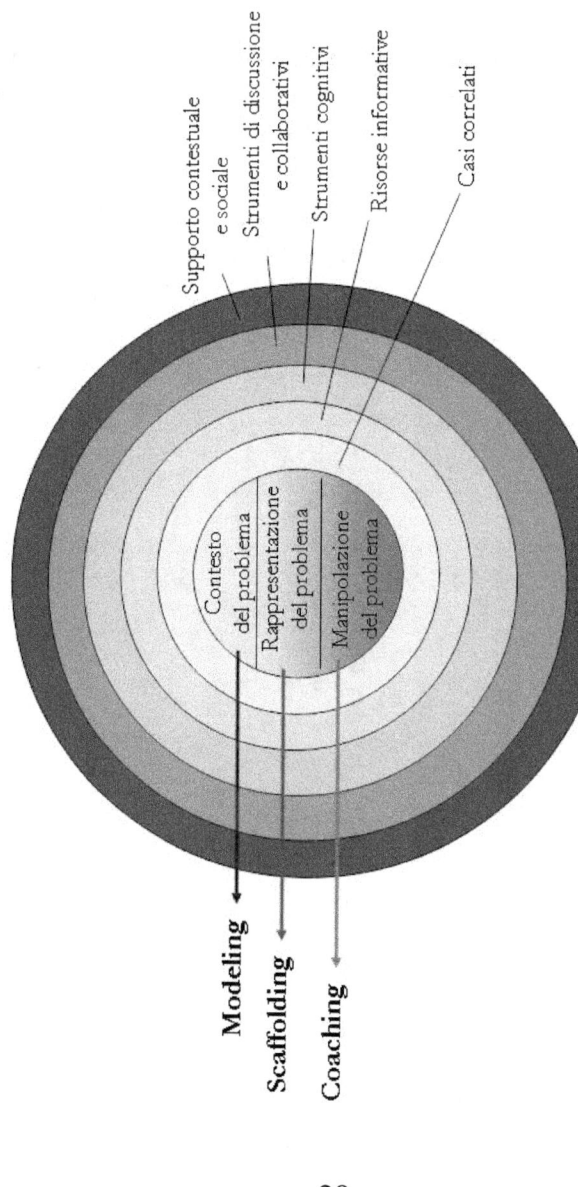

Figura 1. *Il modello di progettazione di un ambiente di apprendimento costruttivista* (Jonassen D., 1999).

E' interessante esaminare lo schema che rappresenta complessivamente l'ambiente al centro del quale insiste la rappresentazione del problema. L'apprendimento quindi ruota intorno a situazioni problematiche che devono essere affrontate.

Il primo elemento da considerare è il contesto. Nel valutare il contesto di riferimento al problema si considererà l'ambiente fisico, quello organizzativo e quello socio culturale, che possono suggerire soluzioni diverse.

L'obiettivo è rendere l'attività interessante, coinvolgente e stimolante, in modo da attivare le componenti motivazionali ed emotive del soggetto. Lo spazio di manipolazione del problema si riferisce al coinvolgimento attivo della persona nel processo di apprendimento.

In questo modello si trovano poi tre elementi di supporto al soggetto in un contesto di ambiente di apprendimento di tipo costruttivista: *modelling* come supporto dei contenuti, *scaffolding* come calibrazione del grado di difficolta nel percorso di apprendimento in base alle caratteristiche del soggetto e *coaching* inteso come guida per il supporto di motivazione ed azione.

Con questo modello si permette al soggetto di attivare un'esplorazione attiva consona con i propri interessi, e la motivazione all'apprendimento di nuove conoscenze.

In questa ottica anche lo studio dei casi, il problem solving e le simulazioni risultano delle ottime strategie didattiche. Presentare più fattori significativi in una situazione problematica sviluppa nel soggetto un'attività d'indagine funzionale alla produzione di decisioni efficaci per rielaborare le conoscenze possedute in funzione di esigenze nuove, ed a promuovere un pensiero creativo. In un gruppo di apprendimento cooperativo, il fatto positivo è il potersi scambiare nuove idee ed opinioni attraverso la condivisione di competenze diversificate, e aumentare la capacità di trovare la soluzione ottimale nel minor tempo possibile.

La progettazione didattica si connota come operazione flessibile di adattamento alle necessità emergenti. Oggi il costruttivismo sta riscuotendo notevole successo in quanto la società della conoscenza richiede sempre più che un individuo diventi protagonista responsabile di una formazione continua lungo l'arco della sua vita. Il soggetto di una metodologia conoscitiva che sviluppa progressivamente capacità meta cognitive, un pensiero critico, diviene oggi un'arma vincente per combattere la sfida della competitività crescente.

Il successo del costruttivismo si lega alla forza attrattiva che unisce questo nuovo paradigma pedagogico all'emergere delle nuove promettenti forme di dialogo e di costruzione della conoscenza offerte dalle tecnologie.

1.4 Il concetto di apprendimento e la sua evoluzione

L'apprendimento come processo complesso si attua nel tempo investendo la sfera cognitiva, meta cognitiva e affettiva. Per apprendimento, quindi, non si intende solo l'acquisizione di nuove conoscenze ma anche lo sviluppo di abitudini, valori e comportamenti.

Il concetto di apprendimento ha un carattere dinamico evolutosi nel tempo grazie al contributo di diverse scuole di pensiero, con il susseguirsi di grandi paradigmi teorici già esaminati nei precedenti paragrafi.

Skinner assume che il pensiero dell'uomo è rappresentato dal comportamento dell'uomo stesso.[18]

La teoria comportamentista nasce dalle ricerche sul condizionamento del comportamento animale, eseguite anche da Skinner nella prima fase della sua vita scientifica. Anche l'apprendimento umano inteso come induzione di comportamenti desiderati può essere favorito attraverso rinforzo positivo; la spinta principale dell'apprendimento è rappresentata quindi delle conseguenze positive delle nostre azioni. Le teorie comportamentiste applicate ai comportamenti umani non sottovalutano la differenza esistente tra processi di apprendimento elementari e attività intellettuali astratte e complesse, considerando comunque il condizionamento come una componente della condotta umana, con possibilità di interazione con l'attività intellettuale, tanto da essere liberamente utilizzata dall'uomo ai propri fini quando vi sia la conoscenza delle condizioni che la determinano.[19]

Le critiche propositive al comportamentismo rivolgono l'attenzione oltre che ai comportamenti anche processi interni, conseguenza dei comportamenti e alle cause che li determinano.

---

[18] NICOLETTI R., RUMIATI R. *I processi cognitivi* Il Mulino 2006 passim
[19] *Ibidem*

Si nota ben presto che l'apprendimento umano abbia luogo in diversi modi e che questi modi cambino secondo le capacità e le conoscenze delle diverse persone, la natura dell'argomento, il numero di interazioni fra queste cause di mutamento e altre cause di variabilità che possono non essere conosciute.

L'approccio alla psicologia dell'apprendimento cognitivista, radicalmente opposto a quello di Skinner, sottolinea infatti l'importanza dei processi interni, degli atteggiamenti e degli stati mentali suggerendo di non puntare soltanto raggiungimento degli obiettivi di apprendimento, ma di tenere anche conto dei fattori cognitivi che ne favoriscono il raggiungimento. L'attenzione viene data sia alla quantità dell'apprendimento che alla qualità al significato, alla connessione, alla trasferibilità, e al tipo di ricadute generate. Un particolare aspetto del cognitivismo, quasi un corollario, fu il costruttivismo. Secondo il costruttivismo l'apprendimento è visto come un impegno attivo da parte della persona a costruire la propria conoscenza, piuttosto che come travaso della conoscenza della mente di chi espone alla mente di chi riceve. Piaget può essere considerato uno dei padri del costruttivismo, lo evidenzia il suo lavoro sugli stadi dello sviluppo cognitivo, che sottolinea l'importanza dei conflitti cognitivi per la costruzione e ristrutturazione della conoscenza.[20]

---

[20] *Ibidem*

CAPITOLO SECONDO

L'EVOLUZIONE DELL'APPRENDIMENTO

2.1 La funzionalità

Il concetto di funzionalità dell'apprendimento si riferisce all'esigenza di imparare a imparare. In maniera diversa ogni uomo ha bisogno di conoscere ed evolversi in quanto è uno stimolo di cui non può fare a meno. Apprendere e crescere sia in termini di conoscenze intellettuali che di attitudini pratiche è importantissimo e può essere considerato come il soddisfacimento dei bisogni fondamentali per l'individuo descritti da Maslow A.:

Autorealizzazione

Stima

Appartenenza

Sicurezza

Fisiologia

Figura 2. *La piramide dei bisogni* (Maslow A., 1954).

Con la continua evoluzione dell'attuale sistema socioculturale e socioeconomico e la concezione degli obiettivi sociali e politici, che richiedono individui con profili professionali specializzati, e nello specifico profili personali che siano in grado di fronteggiare le sfide al cambiamento, il concetto di apprendimento come istruzione appresa e l'acquisizione di conoscenze semplici e statiche, immobili e non utilizzate e riapplicate nella gestione e risoluzione dei problemi, non è più funzionale al sistema globale che richiede un continuo adattamento all'attualità, con conseguente flessibilità e dinamismo. L'imprevedibilità e la rapidità dei cambiamenti mutano di continuo la natura su ciò che gli individui debbano imparare, con una sfida aperta al processo di apprendimento.[21]

Quando chi apprende decide di mettere in relazione delle nuove informazioni con quelle che già possiede si parla di apprendimento significativo.

Assimilare nuove informazioni sforzandosi di inserirle nella struttura cognitiva che già si possiede è un procedimento che può avvenire soltanto se esistono conoscenze pregresse relative all'ambito che si sta analizzando e se chi sta apprendendo decide di impegnare energie per mettere in relazione i nuovi concetti con quelli che già conosce. L'apprendimento significativo cioè può verificarsi solo in presenza di un determinato background culturale e soprattutto di una forte motivazione individuale, che è un catalizzatore indispensabile.

L'apprendimento significativo si configura come:[22]

- *attivo e intenzionale*, basato sul coinvolgimento personale e mirato nel perseguimento degli obiettivi cognitivi scelti in modo consapevole e responsabile;

---

[21] MARIANI L., *Saper Apprendere: atteggiamenti, motivazioni, stili e strategie per insegnare a imparare*, Libreriaunivarsitaria.it 2010
[22] *Ibedem*

35

- *costruttivo*, che attraverso l'equilibrio tra i processi di assimilazione ed accomodamento, ri-struttura la rete di conoscenze possedute dalla persona sulla base dell'interazione con la nuova conoscenza, evitando la mera operazione meccanica di memorizzazione.
- *collaborativo*, che avviene attraverso l'interazione e la contemporanea ri-costruzione delle reti di conoscenza attraverso l'attività delle comunità di apprendimento (*communities of learning*), l'insegnamento reciproco (*reciprocal teaching*) ed il sostegno (*scaffolding e coaching*) offerto dal facilitatore;
- *conversazionale*, che coinvolge i processi sociali e in particolare quelli dialogico-argomentativi;
- *contestualizzato*, in quanto i compiti di apprendimento coincidono con i compiti significativi del mondo reale, in un contesto che deve essere autentico;
- *riflessivo*, in quanto si rileva come apprendimento intenzionale e appreso, che necessita di una riflessione critica su quanto è messo in atto sia con riferimento ai risultati che ai processi impostati per raggiungere gli stessi. [23]

---

[23] *Ibidem*

2.2 L'acquisizione di competenze

Il concetto di competenza è presente nei settori disciplinari più disparati (psicologia, pedagogia, antropologia, sociologia, economia ecc.) con significati a volte molto diversi tra di loro, nella scuola è interessante la definizione di competenza resa da D'Alfonso:

> « ciò che in un contesto dato si sa fare (abilità) sulla base di un sapere , cioè di conoscenze sia esperite sia concettualizzate, per raggiungere l'obiettivo atteso e produrre conoscenza [...] la disposizione a scegliere, utilizzare e padroneggiare le conoscenze, capacità e abilità idonee, in un contesto determinato, per impostare e/o risolvere un problema dato »[24]

La definizione di competenza così descritta dall'autore è particolarmente ricca, e si riferisce al *sapere*, inteso come conoscenza derivante dall'esperienza e dalla elaborazione della stessa, e al *saper fare, abilità* intesa come la messa in atto della conoscenza, l'autore specifica altresì il contesto e lo scopo, quindi l'obiettivo da raggiungere; qui è interessante notare che nell'accezione *impostare e/o risolvere* si lascia aperta una nuova produzione di conoscenza, che lancia la creatività alla competenza.

---

[24] D'ALFONSO R. *Progettare la scuola*, vol,1 n.7. 2000, pp.24-41

Il concetto di competenza non si limita quindi unicamente a fattori tecnico-operativi, ma comprende le convinzioni, gli atteggiamenti, le motivazioni ed i valori che si colorano nel momento in cui la persona all'interno di un contesto socio-culturale pone in essere delle azioni per il raggiungimento di un obiettivo.

Oggigiorno l'evoluzione del concetto di competenza si è progressivamente spostato dall'attenzione alla persona e alle dinamiche socioaffettive, alle competenze professionali, per passare alle competenze di carattere sociale. Le competenze chiave, sotto forma di conoscenza, abilità e attitudini adeguate al contesto, sono essenziali per ogni individuo in una società basata sulla conoscenza. Tali competenze costituiscono un valore aggiunto per il mercato del lavoro, la coesione sociale e la cittadinanza attiva, poiché offrono flessibilità e capacità di adattamento, soddisfazione e motivazione.

Con l' identificazione di competenze-chiave si è posta l'attenzione su specifiche azioni formative che dovrebbero essere acquisite da tutti e sono state riepilogate in una raccomandazione come strumento di riferimento per i paesi dell'Unione europea (UE) per assicurare che queste competenze chiave siano pienamente integrate nelle loro strategie ed infrastrutture, soprattutto nel contesto dell'istruzione permanente.[25] Le competenze chiave per l'apprendimento permanente sono una combinazione di

---

[25] MARIANI L., *Saper Apprendere: atteggiamenti, motivazioni, stili e strategie per insegnare a imparare*, Libreriaunivarsitaria.it 2010

conoscenze, abilità e attitudini appropriate al contesto. In particolare, sono necessarie per la realizzazione e lo sviluppo personali, la cittadinanza attiva, l'inclusione sociale e l'occupazione. Le competenze chiave sono essenziali in una società della conoscenza e assicurano maggior flessibilità ai lavoratori per adattarsi in modo più rapido a un mondo in continuo mutamento e sempre più interconnesso. Inoltre, tali competenze sono un fattore di primaria importanza per l'innovazione, la produttività e la competitività e contribuiscono alla motivazione e alla soddisfazione dei lavoratori e alla qualità del lavoro.

Le competenze chiave dovrebbero essere acquisite:

- •dai giovani alla fine del loro ciclo di istruzione obbligatoria e formazione, preparandoli alla vita adulta, soprattutto alla vita lavorativa, formando allo stesso tempo una base per l'apprendimento futuro;
- •dagli adulti in tutto l'arco della loro vita, attraverso un processo di sviluppo e aggiornamento delle loro abilità.

L'acquisizione delle competenze chiave si integra bene con i principi di parità e accesso per tutti. Il presente quadro di riferimento si applica anche e soprattutto ai gruppi svantaggiati, che hanno bisogno di sostegno per realizzare le loro potenzialità educative. Esempi di tali gruppi includono le persone con scarse competenze di base, i giovani che abbandonano prematuramente la scuola, i disoccupati di lunga durata, le persone disabili, i migranti, ecc. Il quadro di riferimento delinea otto competenze chiave e descrive le conoscenze, le abilità e le attitudini essenziali ad esse collegate. Queste competenze chiave sono:

- *la comunicazione nella madrelingua*, che è la capacità di esprimere e interpretare concetti, pensieri, sentimenti, fatti e opinioni in forma sia orale sia scritta (comprensione orale, espressione orale, comprensione scritta ed espressione scritta) e di interagire adeguatamente e in modo creativo sul piano linguistico in un'intera gamma di contesti culturali e sociali;

- *la comunicazione in lingue straniere* che, oltre alle principali abilità richieste per la comunicazione nella madrelingua, richiede anche abilità quali la mediazione e la comprensione interculturale. Il livello di padronanza dipende da numerosi fattori e dalla capacità di ascoltare, parlare, leggere e scrivere;

- *la competenza matematica e le competenze di base in campo scientifico e tecnologico.* La competenza matematica è l'abilità di sviluppare e applicare il pensiero matematico per risolvere una serie di problemi in situazioni quotidiane, ponendo l'accento sugli aspetti del processo, dell'attività e della conoscenza. Le competenze di base in campo scientifico e tecnologico riguardano la padronanza, l'uso e l'applicazione di conoscenze e metodologie che spiegano il mondo naturale. Tali competenze comportano la comprensione dei cambiamenti determinati dall'attività umana e la consapevolezza della responsabilità di ciascun cittadino;

• *la competenza digitale* consiste nel saper utilizzare con dimestichezza e spirito critico le tecnologie della società dell'informazione (TSI) e richiede quindi abilità di base nelle tecnologie dell'informazione e della comunicazione (TIC);

• *imparare ad imparare* è collegata all'apprendimento, all'abilità di perseverare nell'apprendimento, di organizzare il proprio apprendimento sia a livello individuale che in gruppo, a seconda delle proprie necessità, e alla consapevolezza relativa a metodi e opportunità;

• *le competenze sociali e civiche.* Per competenze sociali si intendono competenze personali, interpersonali e interculturali e tutte le forme di comportamento che consentono alle persone di partecipare in modo efficace e costruttivo alla vita sociale e lavorativa. La competenza sociale è collegata al benessere personale e sociale. È essenziale comprendere i codici di comportamento e le maniere nei diversi ambienti in cui le persone agiscono. La competenza civica e in particolare la conoscenza di concetti e strutture sociopolitici (democrazia, giustizia, uguaglianza, cittadinanza e diritti civili) dota le persone degli strumenti per impegnarsi a una partecipazione attiva e democratica;

41

• *senso di iniziativa e di imprenditorialità* significa saper tradurre le idee in azione. In ciò rientrano la creatività, l'innovazione e l'assunzione di rischi, come anche la capacità di pianificare e di gestire progetti per raggiungere obiettivi. L'individuo è consapevole del contesto in cui lavora ed è in grado di cogliere le opportunità che gli si offrono. È il punto di partenza per acquisire le abilità e le conoscenze più specifiche di cui hanno bisogno coloro che avviano o contribuiscono ad un'attività sociale o commerciale. Essa dovrebbe includere la consapevolezza dei valori etici e promuovere il buon governo;

• *consapevolezza ed espressione culturali,* che implicano la consapevolezza dell'importanza dell'espressione creativa di idee, esperienze ed emozioni attraverso un'ampia varietà di mezzi di comunicazione, compresi la musica, le arti dello spettacolo, la letteratura e le arti visive.[26]

Le competenze chiave sono tutte interdipendenti e ogni volta l'accento è posto sul pensiero critico, la creatività, l'iniziativa, la capacità di risolvere problemi, la valutazione del rischio, la presa di decisioni e la gestione costruttiva delle emozioni.

Queste competenze rappresentano un quadro di riferimento

---

[26]Raccomandazione 2006/962/CE del Parlamento europeo e del Consiglio, del 18 dicembre 2006, relativa a competenze chiave per l'apprendimento permanente [Gazzetta ufficiale L 394 del 30.12.2006, pag. 10]

europeo per i paesi dell'Unione europea (UE) che è rivolto principalmente ai decisori politici, ai fornitori di istruzione e formazione, ai datori di lavoro e ai discenti stessi, e si attesta come strumento di riferimento per le politiche in materia di istruzione e formazione. I paesi dell'UE dovrebbero cercare di assicurare l'istruzione e la formazione iniziale e offrire ai giovani i mezzi per sviluppare competenze chiave a un livello adeguato di vita adulta e lavorativa, fornendo allo stesso tempo la base per ulteriori occasioni di apprendimento; si dovrebbero prendere in considerazione le categorie dei giovani svantaggiati nella loro formazione affinché essi possano realizzare le loro potenzialità educative; anche per gli adulti sarebbe utile un sistema in grado di sviluppare e aggiornare le competenze chiave in tutto l'arco della vita con un'attenzione particolare per gruppi di destinatari riconosciuti prioritari, come le persone che necessitano di un aggiornamento delle loro competenze; la creazione di un'infrastruttura adeguata per l'istruzione e la formazione permanente degli adulti, e misure volte ad assicurare l'accesso sia all'istruzione che alla formazione, sia al mercato del lavoro, e che vi sia sostegno per i discenti sulla base delle loro necessità e competenze specifiche; inoltre la coerenza dell'offerta di istruzione e formazione per gli adulti che sia raggiunta mediante forti nessi tra le politiche attinenti.[27]

L'acquisizione di nuova competenza deriva dalla necessità di una diversa prestazione richiesta alla persona. Competenza e

---

[27] Raccomandazione 2006/962/CE *op.cit.*

prestazione sono due concetti in correlazione tra loro, la prima si manifesta attraverso l'operato dell'individuo e conseguentemente si rende evidente dai risultati ottenuti che si traducono nel secondo concetto: la prestazione. E' importante che la relazione tra competenza e prestazione venga considerata come elemento costruttivo e creativo di una competenza in evoluzione. Il prodotto che ne deriva dalla nuova conoscenza arricchirà la competenza attraverso il *feedback* di ritorno, che la persona può filtrare dall'esperienza.[28] Per la costruzione della competenza che viene evidenziata dai risultati ottenuti è necessario analizzare il processo sottostante al prodotto, è interessante la metafora proposta da Mariani L. :[29]

---

[28] MARIANI L., *Saper Apprendere: atteggiamenti, motivazioni, stili e strategie per insegnare a imparare*, Libreriaunivarsitaria.it 2010.

[29] MARIANI L., *Relazione tenuta al Seminario AICLU* (Associazione Italiana Centri Linguistici Universitari) "European Language Portfolio" - Scuola Superiore di Lingue Moderne per Interpreti e Traduttori Trieste, 5 ottobre 2007.

Figura 3. *L'iceberg della competenza* (Mariani L., 2007).

Da questa immagine, nella quale viene proposto un iceberg, si evince chiaramente che la parte visibile è la prestazione, il comportamento effettivo prodotto, mentre la parte sommersa rappresenta il processo attraverso il quale con la messa in atto di operazioni cognitive e socioaffettive si elabora la conoscenza che si trasforma in abilità. Una congiunzione tra la parte visibile dell'iceberg e la parte sommersa è qui rappresentata dalle strategie, proprio ad indicare il mezzo di ottimizzazione del processo per una resa più veloce ed efficiente. Il termine competenza scritto verticalmente è ad indicare la struttura che comprende l'insieme di dimensioni che agite contemporaneamente caratterizzano e condizionano lo sviluppo della competenza stessa.

2.3 Il carattere trasversale

Il saper apprendere per competenze è un processo complesso che riguarda la totalità della persona, e può essere considerata una meta-competenza che, per essere realizzata, necessita del *sapere* come possesso di conoscenza, del *saper fare* inteso come abilità, e del *saper essere* riguardante la sfera delle convinzioni ed atteggiamenti,[30] che meglio si sintetizza nello schema di seguito:

---

[30] MARIANI L., *Saper Apprendere: atteggiamenti, motivazioni, stili e strategie per insegnare a imparare*, Libreriaunivarsitaria.it 2010

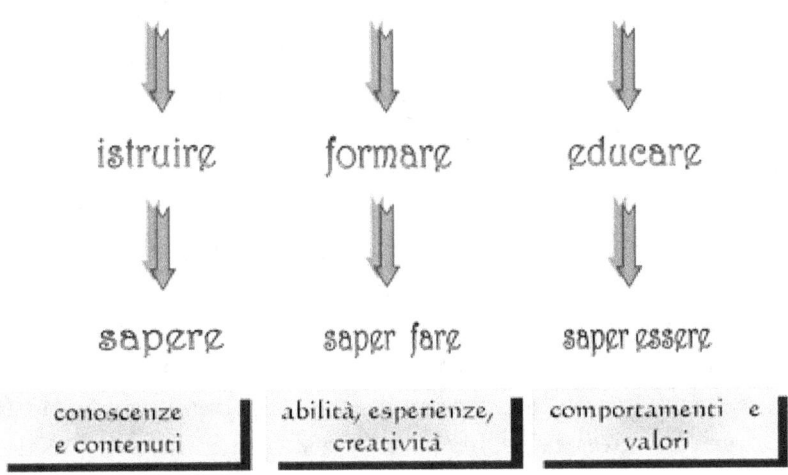

Schema 1. *La strategia per agevolare il processo formativo* (Mariani L., 2010).

Il carattere trasversale delle competenze chiave le rende essenziali. Esse forniscono un valore aggiunto all'occupazione, alla coesione sociale e ai giovani, il che spiega l'importanza dell'apprendimento permanente in termini di capacità di adattamento e integrazione.
La competenza, come già illustrata nel paragrafo precedente, è in generale la capacità di far ricorso alle proprie risorse professionali, sociali, psicologiche, in
modo assolutamente congruo, per svolgere un compito.

Il modello ISFOL[31] suddivide le competenze in tre macrocategorie: competenze di base, trasversali, tecnico-professionali.

Le competenze trasversali consentono di mettere in atto risorse per migliorare la propria performance secondo le richieste dei contesti di riferimento. Esse si articolano in tre macrocompetenze: diagnosticare, relazionarsi e affrontare, facilmente trasferibili tra un contesto e l'altro, indirizzabili a compiti diversi, e commutabili in competenze e abilità più semplici.[32]

La qualità di una performance dipende in parte dalle conoscenze possedute ma anche da come una persona riesca a interiorizzare una richiesta di prestazione, facendone una nuova interpretazione. Per far questo, occorre valutare le caratteristiche dell'ambiente e del compito, analizzare le caratteristiche della situazione, e aver chiari i propri obiettivi e le possibili soluzioni su questi in base al tipo di risposta che si intende fornire.

Al momento della diagnosi segue quella del relazionarsi con le persone, il contesto e la situazione e sono richieste abilità interpersonali, sociali e comunicative.

Le competenze di base rappresentano il sapere essenziale di un individuo che, in un particolare periodo storico e in un contesto socio-culturale, gli consente l'occupabilità e la cittadinanza. Il carattere di trasversalità è una caratteristica, perché non sono definite a partire da una attività specifica,

---

[31] ISFOL- *Istituto per lo sviluppo della formazione professionale dei lavoratori*
[32] Newsletter n.9, Ministero del Lavoro e delle Politiche Sociali 2008

ma dalle dimensioni e dalle componenti fondamentali del sapere come quello organizzativo, legislativo, economico, linguistico, che risultano appunto trasversali ai diversi contesti lavorativi ed hanno un carattere di trasferibilità, essendo potenzialmente utilizzabili dal soggetto in diversi contesti.

Inoltre, il carattere di incrementabilità le pone come competenze sviluppabili a diversi livelli. Per le competenze trasversali si analizza il comportamento lavorativo degli individui e delle variabili che sono in grado di influire in modo significativo sulle proprie azioni, indipendentemente dalle caratteristiche del lavoro in sé. [33]

L'introduzione di questo tipo di competenze nasce dalla convinzione che il livello di successo sul lavoro nel prossimo futuro non sarà dato tanto dal tipo di professione intrapresa ma dalla maturazione nei singoli di una nuova cultura e doti relative sul lavoro. Doti e cultura che possono avere una lunga elencazione, ma sostanzialmente sono relative ad una continua capacità di creatività ed innovazione nel gestire la propria attività professionale, di *problem solving*, di comprensione del complesso, dei vari linguaggi, di comunicazione, di negoziazione ed adattabilità.

Il cambiamento avvenuto nelle organizzazioni ha fatto emergere due diverse esigenze da conciliare: la prima è quella di fornire competenze specialistiche approfondite nell'area disciplinare di riferimento e mettere in grado la persona di mantenerle aggiornate; la seconda riguarda il bisogno di

---

[33] Newsletter n.9, Ministero del Lavoro e delle Politiche Sociali 2008

interagire con la complessità tecnico-organizzativa, di convivere con l'incertezza, ed il continuo evolversi dell'ambiente.

Vengono individuate tre macro competenze: diagnosticare, relazionarsi, affrontare, caratterizzate da una elevata trasferibilità in ambiti ed attività diverse. Queste competenze fanno riferimento ad operazioni fondamentali proprie di ogni soggetto posto di fronte ad un compito lavorativo. Diagnosticare: identifica la capacità dell'individuo di effettuare una diagnosi della situazione in cui opera, delle sue caratteristiche, delle esigenze e delle interazioni che presenta; è una tappa indispensabile per progettare ed eseguire una prestazione efficace. Per le sue caratteristiche è una competenza che il soggetto acquisisce con l'esperienza, ma può costituire parte rilevante di un percorso formativo durante il quale egli percepisce il feedback diretto su come la sua capacità diagnostica è stata utilizzata.[34]

Relazionarsi: implica le modalità attraverso le quali si stabilisce un rapporto con gli altri soggetti. È una competenza che si riferisce alle abilità interpersonali utilizzate nelle situazioni faccia a faccia per raggiungere risultati efficaci. È intesa come un insieme di abilità di natura socio-emozionale e cognitiva e di stili di comportamento messi in atto nell'insieme.

Risulta essere centrale la competenza comunicativa, che diventa un prerequisito indispensabile per qualificare qualunque comportamento interpersonale.

---

[34] *Ibidem*

Affrontare: è quell'insieme di abilità che permettono al soggetto di intervenire su un problema con migliori possibilità di risolverlo. È la competenza che permette la costruzione e l'implementazione di strategie e di azione finalizzate al raggiungimento degli scopi personali del soggetto e di quelli previsti dal compito. L'abilità è mettere in atto strategie efficienti per collegare queste competenze con le richieste dell'ambiente. Abilità e non capacità, perché mentre quest'ultima concerne un sapere, il che cosa, l'abilità riguarda il come, il saper scegliere un metodo, un saper integrare diverse capacità. [35]

Le competenze trasversali sono il cuore di queste nuove abilità e in questo senso devono diventare oggetto di formazione in forma esplicita ed essere riconosciute a livello sociale come importante componente di una buona prestazione lavorativa.

Il saper apprendere, che gestisce la complessa questione del carattere trasversale delle competenze, viene così sottolineata da Ajello[36]:

«nelle competenze trasversali [....] sono compresi atteggiamenti e procedure - il porsi problemi, l'affrontare, il cooperare con le persone, ecc. - che da un lato non esistono come disposizioni assolute (coopero/ non coopero) perché sono

---

[35] *Ibidem*

[36] AJELLO A.M. *"Apprendimento e competenza: un nodo attuale" in scuola e città* anno LII, n.1, 2002 p.44-45

frutto di relazioni e dipendono dalle situazioni in cui siamo immersi, e dall'altro sono collegate alle conoscenze che si posseggono in un settore, per cui si possono porre e risolvere problemi in un ambito di cui siamo competenti, ma non in generale.... la trasversalità è riconducibile sostanzialmente a chi si serve di queste conoscenze (o procedure) e non a loro caratteristiche intrinseche, perché è l'azione intenzionale del soggetto che rende possibile la loro funzionalità d'uso in contesti diversi da quelli in cui sono state acquisite.»

A conferma di questa citazione è l'importanza dello sviluppo di attività metacognitive, che devono essere sviluppate in sede formativa e che sono necessarie per favorire il saper apprendere, tanto da facilitare il trasferimento di conoscenze ed abilità da un contesto ad un altro, con consapevolezza ed intenzionalità.[37]

---

[37] MARIANI L., *Saper Apprendere: atteggiamenti, motivazioni, stili e strategie per insegnare a imparare*, Libreriaunivarsitaria.it 2010

2.4 Le caratteristiche individuali

Le caratteristiche individuali che differiscono tra un individuo e un altro, interferiscono nell'apprendimento nel modo in cui ognuno impara in modo diverso. Di queste differenze individuali si deve poi tenere conto in una dimensione sociale e culturalmente condizionata in cui la particolarità del singolo si incontra o si scontra con le particolarità di molti altri individui. Dunque quando si parla di differenze individuali ci si deve riferire a individui che, dovendo necessariamente interagire tra loro, sviluppano dinamiche di confronto, di contrapposizione, o, in una prospettiva più positiva, di mediazione e negoziazione. Oltre ad utilizzare i propri metodi e a valutare le proprie preferenze, è importante anche avere fiducia nelle proprie capacità di apprendimento ed essere consapevoli delle proprie strategie.

Le convinzioni sono una forza potentissima che agisce sul comportamento. Hanno lo scopo di fornire motivazioni e prospettive, affinché il comportamento effettivo possa svilupparsi e innalzarsi fino a corrispondervi. Le convinzioni tuttavia non corrispondo necessariamente alla realtà. In seguito ad una frustrazione ad esempio può sorgere una convinzione limitante. Convinzioni come "non ho tempo a sufficienza", "questo esame non lo passerò mai", possono limitare la ricerca delle risorse disponibili e delle competenze.

Di fronte agli insuccessi è poco produttivo cercare di rimediare procedendo per tentativi ed errori. E' invece più produttivo analizzare gli elementi in gioco per elaborare delle strategie mirate.[38] Per agire in questo modo tuttavia, ciascuno deve essere consapevole delle proprie risorse e dello stile di apprendimento a lui più congeniale. Gli stili di apprendimento sono uno dei fattori di variabilità individuale e riflettono la personalità. La diversità può essere attribuita a molti parametri: si è diversi per età, sesso, provenienza etnica e socio-culturale, personalità, attitudini, intelligenze, stili di apprendimento, motivazioni, convinzioni e atteggiamenti, ecc... La definizione data da Keefe[39] è un utile punto di partenza:

> «Gli stili di apprendimento sono caratteristici comportamenti cognitivi, affettivi e fisiologici che funzionano come indicatori relativamente stabili di come i discenti percepiscono l'ambiente di apprendimento, interagiscono con esso e vi reagiscono»[40].

Si riportano alcune idee-chiave, relative agli stili di apprendimento:

---

[38] COVEY, S.R., *Le sette regole per avere successo*, Franco Angeli, Milano 2005 *passim*
[39] KEEFE 1979,
[40] MARIANI L., *Saper Apprendere: atteggiamenti, motivazioni, stili e strategie per insegnare a imparare*, Libreriaunivarsitaria.it 2010 p.88.

- *la dimensione comportamentale*: lo stile di apprendimento non è solo un costrutto teorico, ma, in quanto si manifesta in concreti comportamenti, funziona come indicatore, cioè come un segnale di caratteristiche più "nascoste" della persona;
- *la globalità del concetto*: nonostante l'enfasi talvolta posta sugli aspetti cognitivi dell'apprendimento, uno stile è un tipico modo di manifestare la propria individualità anche fisica e socio-affettiva;
- *la relativa stabilità*: trattandosi del riflesso della propria personalità negli atti di apprendimento, lo stile è stabile tanto quanto la personalità che esprime: soggetto dunque a cambiamenti ed evoluzioni, e particolarmente in età evolutiva, ma con una base, anche genetica e fisiologica, che è parte costitutiva dell'individualità della persona;
- *la funzione di filtro*: lo stile, insieme a fattori quali convinzioni, atteggiamenti e motivazioni, dai quali è difficilmente separabile, agisce come filtro rispetto a come viene percepito l'ambiente di apprendimento: nell'ambito scolastico i compiti, ad esempio, una volta scelti dall'insegnante, vengono reinterpretati, quanto a scopi, richieste, procedure, da ciascuno studente in modo diverso a seconda della

propria visione costituita, tra l'altro, dal suo stile;

- *l'interazione e la reazione con l'ambiente*: lo stile condiziona anche il modo in cui la persona si rapporta all'ambiente di apprendimento, che comprende tutti i fattori del relativo contesto. Le differenze individuali devono essere considerate all'interno di un quadro socio-culturale nei confronti del quale le persone sviluppano reazioni, più o meno efficaci e produttive, di adattamento ed evoluzione continui.

- Il corollario *del condizionamento sociale, culturale e istituzionale:* gli stili di apprendimento, parallelamente agli aspetti della personalità, derivano dall'interazione tra natura e cultura. La cultura di origine è in grado di esercitare un condizionamento sullo stile di apprendimento, le forze dell'ambiente in cui si vive forgiano la propria genetica, influenzata dai processi di socializzazione primari, dalla propria famiglia, dall'ambiente socio-economico, dall'ambiente scolastico, per le preferenze che il sistema esprime su particolari metodi di apprendimento.

Nelle caratteristiche individuali dello stile di apprendimento è interessante anche esaminare l'area di stile relativa alle preferenze sensoriali alle quali si può fare riferimento riprendendo i dettati della Programmazione Neurolinguistica ad opera di Richard B. e Grinder J. [41]

> «Quando noi uomini comunichiamo - quando parliamo, discutiamo, scriviamo - di solito non siamo consapevoli del processo con cui scegliamo le parole per rappresentare la nostra esperienza. Non ci rendiamo quasi mai conto del modo in cui ordiniamo e strutturiamo le parole che scegliamo... Anche se abbiamo poca o nessuna consapevolezza del modo in cui formiamo la nostra comunicazione, la nostra attività - il processo dell'uso del linguaggio - è altamente strutturata»[42]

Le preferenze sensoriali di dividono in visive, uditive e cinestetiche.

- La preferenza *visiva*, si suddivide in visivo–verbale e visivo–non verbale, la prima predilige un linguaggio comunicativo, e la seconda una comunicazione non verbale, nel senso più ampio del termine, veicolata da immagini, siano esse disegni o anche linguaggio corporeo.
- La preferenza *uditiva,* similmente alla precedente, si riferisce oltre che ad un linguaggio verbale orale, anche all'utilizzo di stimoli non verbali, quali suoni,

[41] BANDLER R., GRINDER J., *La struttura della magia*, Astrolabio, 1981.
[42] *Ibidem*

rumori, musica, e agli aspetti paraverbali della comunicazione intesi nel tono, volume e ritmo della voce.

- La preferenza *cinestetica* riguarda, sia il movimento fisico individuato nella manualità e gestualità, sia la preferenza per un apprendimento esperienziale e operativo che coinvolga i sensi e sia attuato da azioni concrete.[43]

Le preferenze indicano lo stile rappresentazionale solitamente utilizzato, è comunque possibile utilizzare metodi differenti, ma semplicemente preferire alcune strategie di apprendimento rispetto ad altre. La scelta di metodi e tecniche tuttavia è vero che dipende in buona parte dalle preferenze, ma anche dal tipo di materiale da memorizzare. A volte quindi è utile avvalersi di strategie meno congeniali al proprio stile di apprendimento, ma più efficaci per l'organizzazione del materiale di studio specifico.[44]

[43] MARIANI L., op. cit. p.93
[44] BANDLER R., GRINDER J. Op cit. *passim.*

CAPITOLO TERZO

IL MOTORE DELL'APPRENDIMENTO:
LA MOTIVAZIONE

3.1 Componenti motivazionali dell'apprendimento

Analizzando l'etimologia della parola motivazione, derivante dal latino *motus,* constatiamo che il suo significato come indicazione di movimento, come spinta del soggetto verso un oggetto, ci riporta strettamente alle teorie comportamentiste e psicodinamiche che basano le fondamenta della motivazione sui bisogni o pulsioni. Molte teorie, attualmente, sono concordi su un concetto di motivazione più ampio, basato su aspetti cognitivi e affettivi interagenti tra loro.[45] La motivazione, quindi, è un processo o stato interiore che almeno in parte rende conto del perché un soggetto intraprenda o non intraprenda un'azione finalizzata al raggiungimento di un determinato scopo o obiettivo.

Frequentemente la condotta di un individuo è il frutto di più

---

[45] DE BENI R.- MOÈ A., *Motivazione e apprendimento*, Il Mulino, 2000.

spinte motivazionali che si combinano e incastrano fra loro a dare poi la spinta generale e finale al comportamento.

Studiare le motivazioni risulta quindi difficile per la loro intrinseca caratteristica di fattori interni ed astratti che portano l'uomo verso un certo luogo, scelta, atteggiamento o professione ma che non sono immediatamente osservabili e che dobbiamo dedurre dal comportamento manifesto che ne consegue.

L'aspettativa, l'obiettivo di apprendimento e il concetto di abilità sono l'esempio dell'interrelazione esistente tra emozioni e cognizioni, che generano la motivazione.[46]

La motivazione può essere definita:

«una configurazione organizzata di esperienze soggettive che consente di spiegare l'inizio, la direzione, l'intensità e la persistenza di un comportamento diretto a uno scopo»[47]

Da questa definizione si comprende il perché un soggetto sia portato a svolgere un compito, la modalità nella quale il compito viene svolto, l'energia impiegata e le ragioni per cui perdura l'impegno, una caratteristica importante del concetto di motivazione è lo scopo da raggiungere.[48]

Considerati i molteplici fattori che partecipano alla motivazione all'apprendimento, si può assumere che rappresenti un costrutto multidimensionale con teorizzazioni differenti per contenuti e modalità. Murphy e Alexander (2000) conducendo una meta-analisi su

---

[46] *Ibidem*
[47] DE BENI R.- MOÈ A., *Motivazione e apprendimento*, Il Mulino, 2000 p.37
[48] *Ibidem*

lavori analizzati negli ultimi anni, e nel tentativo di definire meglio il termine di motivazione all'apprendimento   di difficile unitaria formulazione, hanno proposto il seguente schema riassuntivo:[49]

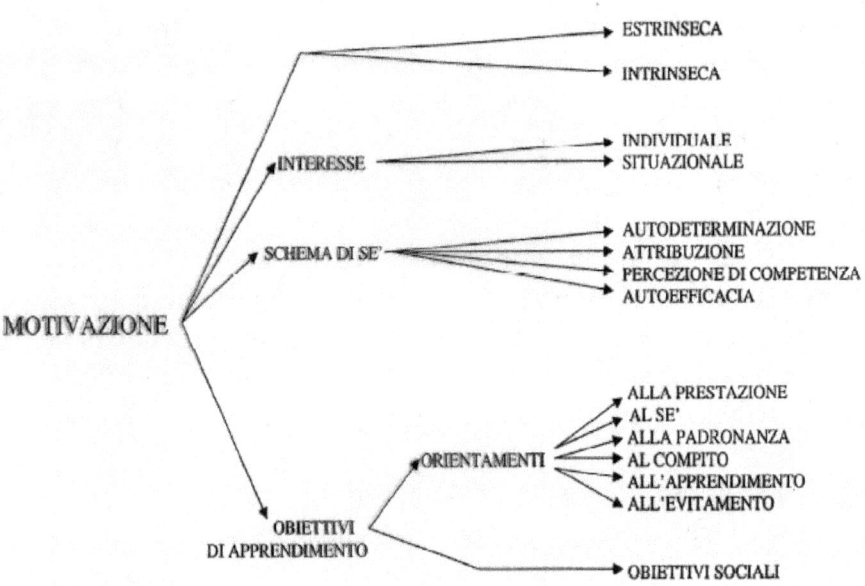

La classificazione dei termini motivazionali di Murphy e Alexander (2000)

[49] *Ibidem p.38*

Schema n.2. *La classificazione dei termini motivazionali* (Murphy e Alexander, 2000).

Partendo da qui, è possibile inserire molteplici distinzioni tenendo conto dei vari studi compiuti sull'argomento, che si differenziano in filoni spesso sovrapposti tra loro, e non presentano categorie motivazionali univoche in relazione all'impostazione teorica e all'approccio adottati.

Viene fatta una classica distinzione, che è quella tra motivazioni intrinseche, dove si affronta un compito per ottenere qualcosa di diverso dall'attività in sé, come premi, elogi, incentivi, approvazione sociale, e motivazioni estrinseche, dove si affronta un compito non per finalità esterne ma per se stessi. Occorre sottolineare che la distinzione tra motivazione intrinseca ed estrinseca non è formalmente determinata come potrebbe sembrare: infatti, alcuni autori inseriscono tra le motivazioni intrinseche anche il successo o il potere, che altri catalogano tra le motivazioni estrinseche. Inoltre la classificazione presenta

« il limite di non mettere in sufficiente evidenza le differenze fra motivazioni intrinseche innate ed istintive, quali i bisogni, ed altre mediate

cognitivamente,   quali   gli   obiettivi   e   le
aspettative » [50].

La contrapposizione dell'approccio estrinseco-intrinseco,
sembra sovrapporsi almeno parzialmente ad altri tipi di
classificazione.
Facendo riferimento alle caratteristiche del singolo, si può
fare una distinzione tra motivazione intrinseca e motivazione
alla riuscita, in cui si evidenzia un antagonismo tra tensione
volta all'esterno e tensione originata dall'interno. In base a
quanto assunto dai teorici della motivazione intrinseca,
l'essere umano sarebbe naturalmente disposto ad impegnarsi
nell'apprendimento, che di per sé rappresenterebbe la spinta
intrinseca motivante e rinforzante. Per i teorici rivolti alla
motivazione alla riuscita, invece, la spinta nascerebbe
essenzialmente dal bisogno di ottenere un successo
personale e sarebbe sostenuta sia dalle emozioni positive,
come l'orgoglio e la soddisfazione, che supportano il
raggiungimento dell'obiettivo, sia dalla possibilità di
mantenere un'adeguata percezione delle proprie abilità.[51]
Considerando gli obiettivi come orientamenti che
influenzano l'apprendimento, si possono distinguere gli
obiettivi orientati all'apprendimento o alla padronanza o al
compito e gli obiettivi orientati alle prestazioni: nel primo
caso, il soggetto avrebbe il fine principale di incrementare,
attraverso l'impegno, le proprie conoscenze e competenze,

---

[50] Op.cit.p.40
[51] *Ibidem*

nel secondo caso, lo scopo sarebbe quello di ottenere giudizi favorevoli e alternativamente di evitare giudizi negativi sulle proprie competenze. La differenza fondamentale tra tale approccio e quello fondato sulla contrapposizione tra motivazioni estrinseche ed intrinseche consiste nel fatto che in questo caso si orienta sulla mediazione cognitiva e simbolica del comportamento. Una ulteriore distinzione è introdotta da Urdan e Maehr (1995), che considerano come tipo particolare di obiettivi quelli sociali, i quali, a loro volta, possono essere prevalentemente orientati sul Sé per il desiderio di compiacere o di appartenenza o di solidarietà con gli altri ad esempio essere considerati membri degni ed integrati del gruppo di appartenenza, sia esso famiglia, classe o più ampiamente comunità.[52]

Un'altra prospettiva di ricerca condotta da Dweck e Leggett (1998) definisce il termine motivazionale come orientamento alla prestazione o al Sé, e si indirizza quindi sul modo in cui il soggetto si percepisce e sulla rappresentazione e percezione del Sé; in tale ambito, si considerano come variabili determinanti le credenze del singolo circa le proprie capacità di affrontare determinati compiti, la percezione di competenza ed autoefficacia, autodeterminazione, senso di controllo, le aspettative relative alla possibilità di ottenere un successo, le reazioni emotive al compito e le emozioni associate alle esperienze di successo o di fallimento, ed il nodo di interpretare i risultati ottenuti.[53]

---

[52] *Ibidem*
[53] *Ibidem*

Hidi (1990), pone la sua attenzione sulla persistenza e l'intensità della motivazione, sottolineando l'interesse situazionale, vale a dire una energia motivazionale transitoria, dipendente dalle specifiche caratteristiche di un oggetto o un evento in un determinato contesto, Schiefele (1991) invece parla di interesse individuale, inteso come energia stabile maturata nel corso del tempo, per effetto del desiderio di incrementare le proprie conoscenze e competenze e rappresentare una personale partecipazione nel settore considerato.[54]

Snow, Corno e Jackson (1996) hanno svolto più recentemente una ricerca, rivolta all'importante distinzione del concetto di motivazione da quello di volizione, quest'ultima si arricchirebbe di elementi di controllo indispensabili per avere nel tempo una motivazione costante, necessaria per la concentrazione sul compito o come punto di forza per far fronte ad eventuali difficoltà od ostacoli. Come si vede, nessuno di questi approcci può essere considerato esaustivo, per non parlare del fatto che le distinzioni tendono a sovrapporsi tra loro e che i singoli aspetti necessariamente si co-implicano.[55]

È peraltro importante, per giungere ad una comprensione reale del problema, collocare le varie distinzioni e classificazioni sullo sfondo delle teorie che si sono succedute nella storia degli studi sulla motivazione. In tale storia, una prima fase è costituita dai modelli meccanicistici,

---

[54] *Ibidem*
[55] *Ibidem*

rappresentati in particolare dalla teoria del rinforzo; una seconda dai filoni di ricerca relativi alla motivazione intrinseca, alla motivazione alla riuscita, agli obiettivi di apprendimento e alle percezioni di Sé e dell'abilità; la prospettiva più recente mira ad individuare modelli di spiegazione dei rapporti tra componenti motivazionali e strategiche dell'apprendimento.[56]

La teoria del rinforzo si fonda sulla teoria neo-comportamentista, e si riferisce agli aspetti estrinseci della motivazione: il suo assunto di base fa riferimento all'impegno di un soggetto in un compito o in un'attività se lo stesso comportamento in passato è stato premiato con lodi, complimenti, un buon voto, un regalo, l'approvazione sociale o se un comportamento alternativo è stato punito, con un rimprovero, un segno palese di disapprovazione, un voto insufficiente.[57]

La teoria del rinforzo identifica lo spazio preciso dell'intervento operativo del condizionamento educante. Il concetto è espresso chiaramente da N.E. Miller e J. Dollard: il rapporto tra un stimolo e una risposta può essere rafforzato solo in determinate condizioni. Colui che apprende, deve essere spinto a dare una risposta e ricompensato per aver reagito alla presenza dello stimolo. Questo concetto si può esprimere semplicemente dicendo che, al fine di apprendere, si deve volere qualche cosa, fare qualche cosa, ottenere qualche cosa. In termini più esatti,

---

[56] *Ibidem*
[57] DE BENI R. MOÈ A., *Motivazione e apprendimento*, Il Mulino, 2000

questi fattori sono pulsione, stimolo, risposta e ricompensa.[58]

Quando le gratifiche e le ricompense soddisfano una pulsione, possono essere considerate come rinforzi propriamente detti, gli stessi aumentano la probabilità dei comportamenti per i quali sono stati resi contingenti e creano motivazione; nel caso in cui sia presente una punizione, si parla di rinforzo negativo, che mira a demotivare il comportamento oggetto di punizione e a ridurne la probabilità di ripetizione, a indebolirlo, e a diminuirne l'intensità o la frequenza.[59]

Il comportamento desiderato tende a mantenersi stabile se il rinforzo è dato in maniera continuativa, da intendersi con costanza e non necessariamente al manifestarsi del comportamento; si è constatato che la validità del rinforzo è efficace anche nella modalità di rinforzo intermittente, quindi casuale senza una regola fissa. Gli effetti del rinforzo ad una risposta si generalizzano a risposte simili, quindi il rinforzo per un particolare comportamento influenza una classe di comportamenti; anche un rinforzo associato ad una conseguenza desiderabile può aumentare i suoi effetti.[60]

Quando un comportamento non viene più rinforzato, diminuisce la frequenza del suo verificarsi e progressivamente esso tende ad estinguersi. Il rinforzo per essere efficace deve essere contingente alla

---

[58] *Social learning and imitation, Yale University Press*, NEW HAVEN 1941, p. 2.
[59] DE BENI R. MOÈ op.cit.
[60] *Ibidem*

prestazione, da un punto di vista temporale; specifico rispetto ad un preciso comportamento o ad un aspetto dello stesso; credibile ed in linea con atteggiamenti paraverbali o non verbali e appropriato, in quanto dato quando la risposta è veramente quella desiderata. Un rinforzo può invece risultare demotivante quando viene dato a tutti, indipendentemente dalle prestazioni e dal risultato; viene accompagnato da confronti tra il risultato del soggetto e quello di altri; si è impari negli elogi, rispetto ad un eguale risultato.[61]

La semplicità della teoria del rinforzo è la ragione più importante della sua applicazione largamente diffusa. Tuttavia la sua impostazione meccanicistica è criticabile sotto molteplici aspetti. L'applicazione precisa della teoria del rinforzo presuppone un sistema in cui il soggetto è motivato principalmente dalla possibilità di ottenere specifici premi piuttosto che dalla possibilità di apprendere cose nuove. Il rinforzo di un comportamento trasmette infatti implicitamente il messaggio che il comportamento non ha valore di per sé, non merita di essere fine a se stesso: la strada della conoscenza finisce per essere ridotta ad un semplice strumento per ottenere un risultato in termini di ricompense, gratificazioni, premi.[62]

Un limite rilevante è costituito dal fatto che solo un comportamento manifesto può essere rinforzato, ma alcuni comportamenti non sono completamente osservabili. L'idea

---

[61] *Ibidem*
[62] *Ibidem*

per cui un comportamento rinforzato tende a ripetersi e a stabilizzarsi nel tempo non tiene conto dell'interpretazione data dal soggetto alla situazione, e non tiene conto delle attese, delle emozioni, delle convinzioni del soggetto, delle sue riflessioni, della sua percezione di sé, aspetti, tutti, che invece giocano un ruolo fondamentale nella spinta motivazionale. Gli studi più recenti mettono in discussione il fatto che il rinforzo possa essere considerato una fonte motivazionale primaria, anche riconoscendo la componente estrinseca quale il desiderio di essere approvati o riconosciuti competenti. Le componenti che interagiscono nel costruire la motivazione all'apprendimento, devono essere individuate nelle persone come stile motivazionale complesso, con specifiche dinamiche di funzionamento e interazioni con i diversi elementi dell'apprendimento.[63]

3.2 Capacità specifiche

Le capacità specifiche, possono potenzialmente essere presenti sin dalla nascita, e rappresentano le abilità innate come espressione concreta di predisposizioni che possono essere sviluppate e derivate da vari apprendimenti, esse in parte vanno a compimento in diverse epoche della vita, in relazione ai processi di maturazione organica e di crescita personale. In molti casi, le capacità specifiche, richieste in un

---

[63]DE BENI R.- MOÈ A., *Motivazione e apprendimento*, Il Mulino, 2000

determinato arco temporale , che può riguardare un ordine di scolarità o uno specifico corso di studi, possono bloccarsi con difficoltà evolutive che non hanno portato a completa maturazione alcune strutture neurologiche deputate al buon funzionamento dei processi psichici sottesi. Quindi possono esserci dei limiti strutturali, per i quali alcune persone hanno forti impedimenti a raggiungere il livello prefissato, nonostante l'ambiente possa essere favorevole, sia presente la motivazione necessaria al compito, sia presente l'impegno, e vengano utilizzate opportune strategie. In altri casi, sebbene queste strutture organiche siano mature e idonee ad un efficace funzionamento dei processi cognitivi richiesti: l'organizzazione del materiale culturale appreso, le strategie di apprendimento, le capacità metacognitive e le motivazioni allo studio, risultano inadeguate rispetto alle esigenze formative e agli obiettivi fissati. Normalmente, la maggior parte delle persone può cimentarsi con discreto successo con apprendimenti anche complessi, se adeguatamente sostenuti da precedenti interventi culturali che giocano favorevolmente alla loro comprensione, elaborazione personale e ritenzione mnestica di lungo periodo.[64] La persona diventa esperta se sa coniugare la dimensione progettuale e quella operazionale, e sa concretizzare risposte tecnologicamente evolute rispetto ai problemi della vita, ovvero se sa essere rapido nel trovare soluzioni concrete al problema e, nel portarle a compimento, ha una visione approfondita dei problemi posti. L'*expertise,* può tradursi in

---

[64] DE BENI R.- MOÈ A., *Motivazione e apprendimento*, Il Mulino, 2000

un insieme di abilità che vengono sviluppate specificatamente attraverso una lunga pratica del compito, affiancata da un' ottima motivazione e dall'utilizzo di strategie; gli esperti sanno delineare soluzioni intuitive ai problemi posti, rette da ragionamenti astratti; sanno utilizzare conoscenze e procedure in chiave progettuale per conseguire i risultati attesi; sono in grado di pianificare e mettere in atto le operazioni necessarie a costruire i sistemi di risposta adatti ai requisiti del compito; sono in grado di utilizzare il tempo richiesto per attuare adeguati processi di controllo dei risultati attesi.[65]

Occorre precisare che l'esperto in una determinata area è ritenuto da altri un vero specialista per la sua area e può tuttavia non conoscere un insieme di altri ambiti che formano il paniere delle comuni conoscenze.[66]

Gardner H. (1993) interpreta l'abilità come forma di intelligenza e assume che ogni individuo possiede almeno sette abilità mentali indipendenti o intelligenze, alle quali poi ne aggiungerà una. Nella sua teoria la parola intelligenza è usata sia per specificare una caratteristica specie-specifica, sia per denotare una differenza individuale. Mentre tutti gli esseri umani posseggono tutte le otto intelligenze, ogni persona ha però la propria particolare miscela delle intelligenze.

Le operazioni centrali, riportate nello schema, sono tra gli otto criteri che egli usa per valutare l'una o l'altra intelligenza

---

[65] DE BENI R.- MOÈ A. op.cit.
[66] *Ibidem*

candidata, attraverso un meccanismo che processa le informazioni di base:[67]

[67] MARIANI L., *Saper Apprendere: atteggiamenti, motivazioni, stili e strategie per insegnare a imparare*, Libreriaunivarsitaria.it 2010.

INTELLIGENZE	OPERAZIONI CENTRALI
Intelligenza linguistica	Sintassi, fonologia, semantica, pragmatica
Intelligenza musicale	Tono, ritmo, timbro
Intelligenza logico-matematica	Numero, categorizzazione, relazioni
Intelligenza spaziale	Accurata visualizzazione mentale, trasformazione mentale delle immagini
Intelligenza corporeo-cinestetica	Controllo del proprio corpo, controllo nella presa degli oggetti
Intelligenza interpersonale	Consapevolezza dei sentimenti, delle emozioni, degli obiettivi e delle motivazioni delle altre persone
Intelligenza intrapersonale	Consapevolezza dei propri sentimenti, emozioni, obiettivi e motivazioni
Intelligenza naturalistica	Ricognizione e classificazione degli oggetti nell'ambiente

Schema n.3 . *Intelligenze e criteri di valutazione* (Mariani 2010).

«Da un punto di vista motivazionale complessivo, l'idea per cui le abilità innate sono predisposizioni che possono essere sviluppate, anche se con dei limiti massimi diversi per ognuno, è certamente quella che maggiormente sostiene aspetti quali l'interesse, la motivazione alla riuscita e positivi obiettivi di apprendimento»[68]

3.3 Capacità metacognitive

Le capacità metacognitive possono essere interpretate come abilità che sovrintendono, dirigono e organizzano le modalità di apprendimento in relazione all'uso di strategie di studio e di memorizzazione, che implicano anche capacità idonee ad identificare e sostenere efficaci motivazioni ad apprendere.

De Beni R., e Moè A., parlano di un «insieme di attività psichiche che presiedono il funzionamento cognitivo e modalità di auto regolazione dell'attività di studio»[69]

Negli ultimi anni sono stati realizzati numerosi studi sull'importanza delle strategie metacognitive, in grado di aiutare anche i bambini a migliorare le loro capacità di apprendimento.

---

[68] DE BENI R.- MOÈ A., *Motivazione e apprendimento*, Il Mulino, 2000 p.15
[69] DE BENI R.- MOÈ A., *Motivazione e apprendimento*, Il Mulino, 2000 p.28

Quando si parla di metacognizione ci si riferisce ad un migliore stato di consapevolezza che si raggiunge quando una persona è in grado di verificare cosa che sta facendo e il modo nel quale sta procedendo nel compito .

Possono essere utili tre domande, che permettono di verificare lo stato meta- cognitivo in cui ci si trova:

- Cosa sto facendo?
- Perché lo sto facendo?
- Quale è il mio obiettivo?
- Come posso agire in modo migliore per raggiungere il mio obiettivo?

Essere in grado di riflettere su come si impara renderà più efficace l'apprendimento. Marcia Lovett,[70] portando l'attenzione sui bambini, parla di *apprendimento esperto* e spiega che lo sviluppo dei processi di meta-cognizione può avvenire in seguito ai seguenti comportamenti dell' educatore:

- Spiegare ai bambini che la loro capacità di imparare cambia e ha effetti sullo sviluppo delle loro capacità successive;
- Aiutare i bambini a pianificare gli obiettivi che si pongono;
- Insegnare ai bambini a monitorare i loro apprendimenti e sperimentare le personali strategie di apprendimento.[71]

Utile anche per lo sviluppo dei processi metacognitivi è l'indicazione degli obiettivi prima di iniziare qualsiasi tipo di attività, per spiegare cosa si andrà ad imparare; il porsi

---

[70]LOVETT M.C., *Teaching Metacognition: presentation to the educational learning-iniziative* Annual Meeting, 29 January 2008.
[71] LOVETT M.C., op.cit.

domande prima, durante e al termine del compito aiuta a riflettere e ad essere attenti ai processi cognitivi-motori che vengono messi in atto, aumentando quindi la consapevolezza; il riassumere e sintetizzare è una modalità di aiuto per prestare attenzione a ciò che si sta facendo e a capire la direzione verso l'obiettivo.[72]

L'allenamento può aiutare lo sviluppo delle capacità e qualsiasi comportamento può essere migliorato, in effetti non si è portati o meno per una certa cosa ma l'esperienza ci aiuta a diventare capaci di fare. Un individuo che mette in atto processi metacognitivi è in grado di capire che un comportamento sbagliato non significa che egli stesso sia sbagliato, ma che sia necessaria un po' di pratica in più per imparare. L'intero processo contribuisce a migliorare il senso di autoefficacia, e quindi la capacità di riuscire in un compito in seguito all'esperienza.

Nella teoria metacognitiva è importante la distinzione di tre aspetti:

La conoscenza metacognitiva: intesa come conoscenza personale inerente il funzionamento della memoria, della comprensione, dello studio, e l'esistenza di punti di forza e di debolezza, l'uso di strategie per memorizzare, idee sul funzionamento cognitivo in generale, derivate dalla esperienza personale e da osservazioni sul comportamento altrui.

Il controllo metacognitivo: considerato come l'insieme di processi utilizzati per valutare la qualità dei personali

---

[72] *Ibidem*

processi di apprendimento. Nel controllo metacognitivo si distinguono diversi componenti: l'autoistruzione che si riferisce al come, quando e perché applicare le diverse strategie di memorizzazione e studio; l'autointerrogazione che indica le scelte riferibili all'uso in itinere delle strategie di memorizzazione e di studio per valutare la loro adeguatezza rispetto agli obiettivi di apprendimento; l'automonitoraggio che implica un controllo sulla corretta applicazione delle strategie durante l'esecuzione dei compiti.

Il terzo aspetto riguarda le stime metacognitive, che si concretizzano nell'attuare una serie di giudizi personali sulle proprie capacità di apprendimento; si basano sulla facilità d'apprendimento *Ease of Learning* (EOL) che delinea la capacità di apprendere un determinato contenuto prima di procedere all'apprendimento e riveste un ruolo importante nella pianificazione dei tempi di studio; la predizione del ricordo *Prediction of Total Recall* (PTR) che attua una stima del ricordo durante l'attuazione del compito, e incide sulle esigenze di ripasso o studio ulteriore del materiale da apprendere; la valutazione dell'apprendimento *Judgement of Learning* (IOL) che implica una stima del grado di apprendimento attuato, basato sulla percezione della propria capacità di ricordo del materiale appreso nel lungo periodo e incide sulla scelta di ulteriori tempi di studio e ripasso.[73]

«A un maggior livello metacognitivo corrisponde una migliore prestazione, poiché il compito è

---

[73] DE BENI R.- MOÈ A., *Motivazione e apprendimento*, Il Mulino, 2000

svolto con maggiore competenza e impegno, prolungati nel tempo.»[74]

Il buon funzionamento dei processi metacognitivi, e conseguentemente il miglioramento delle capacità metaconitive, consente di tratte il massimo beneficio dall'uso flessibile, articolato e attivo di diverse strategie di apprendimento; permette di organizzare e adeguare le strategie di apprendimento alle personali caratteristiche cognitive, alle caratteristiche del compito e alla specifica situazione di apprendimento; influenza positivamente la motivazione ad apprendere perché consente di avere il controllo della situazione di apprendimento, stimolando l'autodeterminazione nello studio a essere più efficace.

3.4 Stili cognitivi

Ogni persona utilizza dei processi di apprendimento personalizzati, avvalendosi di strategie personali di studio, di archiviazione ed elaborazione delle informazioni, di memorizzazione delle stesse. La qualità di questi processi caratterizza lo stile cognitivo personale nell'affrontare i compiti di apprendimento. Uno stile rappresenta una preferenza e va distinta dall'abilità, che è il grado di bravura

---

[74] *Ibidem* p.29

con cui un individuo fa qualcosa, mentre lo stile è il modo in cui un individuo fa qualcosa.
L'individuo è dotato di flessibilità cognitiva e può passare da uno stile all'altro in base alle sue necessità. Gli stili sono molti e possono dar luogo ad una certa confusione se visti nel complesso.[75]

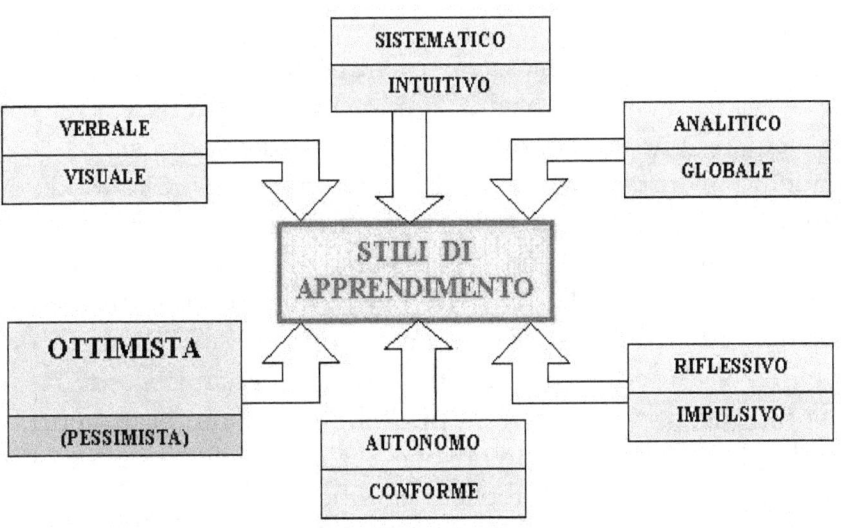

Schema n.4. *Stili di apprendimento* (Vincenzi A.B., 2000).

---

[75]DE BENI R.- MOÈ A., Motivazione e apprendimento, Il Mulino, 2000

Da questo schema si possono delineare alcuni termini che descrivono sinteticamente lo stile cognitivo: nello stile sistematico si formulano delle ipotesi che tendono ad essere verificate in modo analitico, a differenza dello stile intuitivo che procede dall'ipotesi apparentemente migliore; nello stile analitico si procede manifestando una preferenza per i particolari, e nello stile globale si procede manifestando una preferenza per i dati generali per poi organizzare i particolari; nello stile impulsivo vengono fornite risposte in base ai primi elementi del ricordo, per poi costruire una argomentazione complessiva, mentre nello stile riflessivo viene pianificata la risposta e l'argomentazione in base a tutti gli elementi che si ricordano; nello stile autonomo sia ha la tendenza all'introversione, e alla preferenza ad agire in modo personale, al contrario nello stile conforme, si preferisce ascoltare il parere altrui e attenersi alle indicazioni che vengono fornite; nello stile ottimista si ha un'impostazione positiva rispetto al compito e si cerca di trarre insegnamento dagli errori, in contrapposizione allo stile pessimista, che ha una visione completamente opposta, nonostante il soggetto cerchi di dare un'interpretazione realistica alle cose; nello stile verbale si preferisce codificare e ricordare le informazioni basandosi su dati semantici, e nello stile visuale invece si codificano e si ricordano le informazioni basandosi su immagini. Le persone possono avere diversi stili che variano in base ai compiti e alle situazioni, in quanto gli stili che sono validi in una situazione non sono necessariamente validi in un'altra.

Lo stile cognitivo che è preferito da ogni persona ha la tendenza a stabilizzarsi nel tempo e attua un processo di tipo circolare, nel quale viene utilizzato con buoni risultati lo stile, alzando il livello di motivazione, e stimolando la riutilizzazione delle strategie relative allo stile per affrontare in futuro lo stesso compito.[76]

Uno stile cognitivo può essere definito come:

«la modalità individuale di apprendimento, "il modo in cui ciascun individuo assimila e ritiene l'informazione e/o le abilità." (Dunn, 1983), come "la predisposizione ad adottare una particolare strategia di apprendimento indipendentemente dalle richieste specifiche del compito." (Schmeck, 1983), o come una abitudine di comportamento mentale." (De La Garanderie, 1980)»[77]

Sternberg (1988-1997) ha codificato una serie di specifiche funzioni che governano la mente, paragonandola ad un sistema legislativo, e contribuiscono a delineare specifici stili cognitivi di apprendimento, sviluppando la teoria dell'autogoverno mentale. La scelta delle caratterizzazioni è parafrasata dalle attività di governo di una nazione. L'autore sostiene che sussistano 5 ordini di funzioni che interagendo caratterizzano variamente la mente di ogni soggetto,

---

[76] *Ibidem*
[77] DE BENI R.- MOÈ A., *Motivazione e apprendimento*, Il Mulino, 2000 p.31

fornendo 96 tipologie di stili cognitivi. Ogni soggetto dispone così di una percentuale diversa di ciascuna caratteristica, delineando il personale stile cognitivo.[78]

Relativamente alla tipologia di potere: legislativo, un soggetto creativo che ama le ricerche; esecutivo un soggetto metodico che copia modelli e costruisce agevolmente un progetto dato; giudiziario un soggetto analitico che valuta criticamente gli elementi offerti rispetto a regole e principi.[79]

Relativamente alla forma di governo: monarchico un soggetto che preferisce lavorare ad un solo progetto; gerarchico un soggetto che preferisce fare più cose contemporaneamente, stabilendo delle priorità; oligarchico un soggetto che ama fare più cose dando la stessa importanza a tutte; anarchico un soggetto che ama fare più cose seguendo i propri interessi per delineare priorità di azione.[80]

Relativamente agli ambiti di governo: globale un soggetto che da importanza a tutto quello che deve apprendere; locale un soggetto che da importanza solo a quello che gli è familiare.[81]

Relativamente ai livelli di finalizzazione: interno un soggetto che da priorità alla conoscenza; esterno un soggetto che da priorità alle applicazioni;

---

[78] STERNBERG R.J., *Stili di pensiero* Trento Erickson 1998
[79] *Ibidem*
[80] *Ibidem*
[81] *Ibidem*

ed in fine rispetto ai livelli di efficacia: liberale un soggetto che privilegia l'apprendimento d'innovazioni e novità; conservatore un soggetto che privilegia l'efficacia e la funzionalità consolidate.[82]

Una situazione di apprendimento è demotivante se il tipo di verifica, la modalità di insegnamento, il materiale da apprendere o altri aspetti situazionali non sono congruenti con lo stile cognitivo del soggetto.[83]

---

[82] STERNBERG R.J., op.cit.
[83]DE BENI R.- MOÈ A., op.cit.

CAPITOLO QUARTO

DALLA COGNIZIONE ALLA METACOGNIZIONE

4.1 Le strategie di empowerment cognitivo

Empowerment è un termine inglese che significa letteralmente 'ottenere un senso di maggiore potere', e che viene specificatamente utilizzato nella lingua di origine, in quanto difficilmente traducibile in italiano, per renderne in pieno il significato; la parola "potenziamento" ne rende il significato originario solo in modo parziale.

«Una condizione esistenziale, cognitiva e affettiva non permanente (da conquistare e mantenere nel tempo): quella di chi si sente in situazione di controllo degli eventi, domina le variabili del suo contesto, percepisce se stesso come libero, autonomo, in una parola "auto-efficace". Come vedremo, non parliamo della condizione di un soggetto che nutre autostima, concetto a mio parere troppo generico e poco operativo, ma di un soggetto che si percepisce "competente specificamente", in grado cioè di produrre una precisa prestazione in relazione ad uno specifico compito/obiettivo atteso da sé o dai suoi partner di ruolo.

Un processo che mette il soggetto, o il gruppo, depowered (o a rischio di depowerment), in grado di recuperare il sentimento del proprio valore, la padronanza della propria vita, il controllo del proprio contesto a partire da una rielaborazione della propria condizione di debolezza, alienazione, mancanza di potere, perdita di speranza (learned helplessness) approdando ad una condizione di fiducia in sé (learned hopefulness) e nelle sue possibilità.

Tale processo implica un gioco contemporaneo di auto-percezione ed etero-percezione e si realizza non solo attraverso un significativo impegno personale, un esame di realtà delle forze personali in campo cui consegue una personale sperimentazione di successo, ma anche grazie ad un ambiente persuasivo e supportivo che mostri esperienze vicarie di successo, la possibilità cioè di vedere modelli comportamentali imitabili».[84]

Con il termine empowerment viene spiegato un processo di crescita, sia da un punto di vista individuale che di gruppo, basato sull'incremento della stima di sé, dell'autoefficacia e

---

[84] PICCARDO, *Relazione al Master sui modelli di comunità* – Fondazione Mediterraneo, 2001.

dell'autodeterminazione per far emergere risorse latenti e portare l'individuo ad appropriarsi consapevolmente del suo potenziale.

Questo processo porta ad un rovesciamento della percezione dei propri limiti in vista del raggiungimento di risultati superiori alle proprie aspettative.

Le abilità e i processi cognitivi da soli non sono sufficienti a garantire un apprendimento efficace; entrano in gioco anche delle variabili di tipo sovraordinato che sono chiamate variabili metacognitive. Letteralmente metacognizione significa riflessione sulla cognizione.

La variabile emotivo motivazionale riveste un ruolo fondamentale perché motore di tutto lo stile di funzionamento della persona; la percezione che si ha della propria auto efficacia, che si struttura in base ai successi o agli insuccessi e alla causa che attribuiamo all'uno o all'altro, influenza il comportamento che si può avere di fronte a un compito.[85]

Se ci riferiamo ad un qualsiasi evento, le difficoltà o gli ostacoli che possono presentarsi sono percepiti come stimolanti per un maggior impegno nel superarli da chi ha un alto grado di autoefficacia cioè si sente competente, mentre sono percepiti veramente difficoltosi, spesso con la conseguenza di un abbandono del compito o comunque di un successo, da chi ha un basso grado di auto efficacia.

---

[85] PAZZAGLIA F, MOÈ A., FRISO G., RIZZATO R., *Empowerment cognitivo e prevenzione dell'insuccesso*, Trento Erickson 2002.

Nel tempo può cambiare la percezione che si ha della propria auto efficacia.

È importante attribuire e imparare ad attribuire ai successi la propria competenza; ciò è possibile attraverso i rinforzi che si ricevono, i precedenti successi e alle persone che dimostrano di credere nelle abilità.

La consapevolezza del proprio stile di apprendimento diventa un fattore fondamentale, in modo che la persona sia in grado di rimediare alle proprie carenze e di potenziare i propri lati forti attraverso l'adozione di appropriate strategie. La motivazione e la metacognizione hanno quindi una profonda relazione e influenzano a loro volta i processi di apprendimento. L'approccio metacognitivo rappresenta una modalità privilegiata per trasmettere conoscenza dei contenuti, poiché mira sostanzialmente ad ottenere una crescita funzionale e strutturale del soggetto; permette di dare un nome al suo problema e di poter uscire dalla spirale negativa che rischia di generarsi e incoraggiarlo ad acquisire una buona dose di autostima e consapevolezza delle proprie capacità di recupero, che rappresentano la molla fondamentale per ogni reale progresso. Nell'approccio metacognitivo il primo passo per affrontare il problema o una difficoltà è evitare di nasconderlo, di negarlo, e pensare che non esista. L'informazione e la chiarezza dei fatti rende il soggetto coprotagonista del suo processo di apprendimento. La strategia per vincere le proprie resistenze è essere protagonisti attivi del proprio processo di apprendimento, individuare i propri punti deboli e ad attuare delle strategie personali per risolverli con una serie di meta-abilità che guidino proprio il apprendimento.[86]

Il facilitatore dovrebbe supportare la persona nello scoprire come funziona la sua mente. Si deve parlare di autoconsapevolezza e introspezione, di cosa e come sto pensando, in modo che la persona si renda conto dei rispettivi punti di forza e debolezza e di quali sono le strategie utilizzate per elaborare e immagazzinare le informazioni e di quali potrebbero essere le strategie che potrebbe adottare per risolvere una situazione problematica.

Le strategie metacognitive agiscono, controllano e orientano le operazioni complessive di autogestione del proprio apprendimento. Quindi sarebbe opportuno far si che la persona utilizzi strategie di pianificazione riuscendo a stabilire obiettivi a breve medio lungo termine, per poi passare ad una fase di controllo e identificare problemi nella lettura degli eventi e ricercare possibili cause dei problemi, per poi ipotizzare le possibili soluzioni.

È importante anche una fase di autovalutazione per confrontare gli obiettivi attesi con i risultati ottenuti, analizzare i propri errori e verificare l'utilità delle strategie utilizzate. Il senso di autoefficacia è la percezione delle proprie capacità di raggiungere il successo nell'esecuzione di un compito. Il senso personale di autoefficacia risente molto dell'atteggiamento ottimistico del facilitatore che trasmette fiducia, che crede nelle risorse della persona e che vuole dare loro credito.

---

[86] PAZZAGLIA F, MOÈ A., FRISO G., RIZZATO R. op.cit.

Il controllo di questa variabile richiede una programmazione degli atteggiamenti basata sul successo, in grado di garantire al soggetto esperienze di efficacia e di modificare l'immagine di sé, come il fornire fiducia nelle possibilità, il tirar fuori le capacità e risorse personali.

L'autostima dovrebbe essere sostenuta da un atteggiamento di fondo di valorizzazione della persona; valorizzare punti di forza accogliere le difficoltà per arrivare alla capacità.[87]

La motivazione riveste un ruolo fondamentale. La persona deve essere motivata attraverso il rinforzo delle sue risposte, che si orientano nella direzione voluta attraverso vari tipi di stimoli positivi, come la lode, l'approvazione pubblica, e forme di riconoscimento anche concrete come piccoli premi o sistemi complessi di gratificazioni simboliche. Queste sono concrete strategie di empowerment cognitivo allo scopo di ristabilire, secondo una modalità autodiretta, un locus of control interno. Ciò significa che la persona è sollecitata a scoprire a partire dal proprio punto di vista, attraverso un lavoro individuale e di gruppo, le modalità attraverso cui riacquistare controllo e potere nelle situazioni di apprendimento e sentirsi artefice e responsabile dei propri progressi.[88]

---

[87] *Ibidem*
[88] *Ibidem*

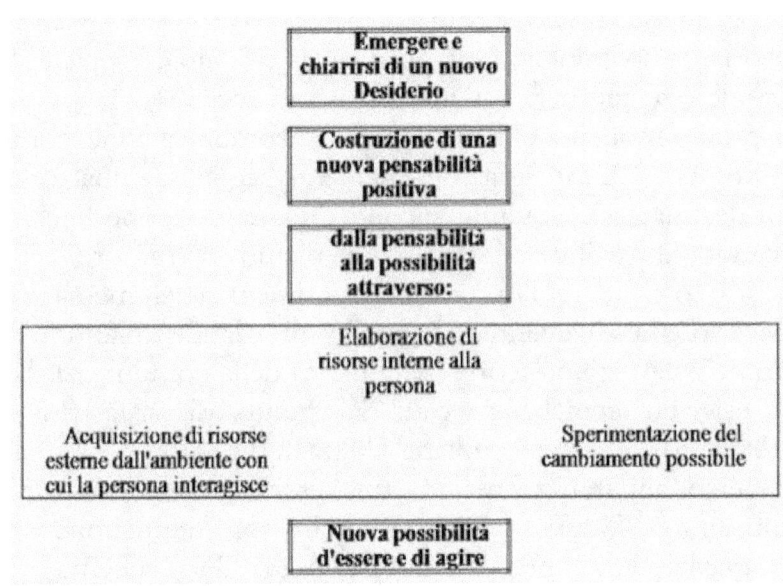

Schema n.5. *Strategie di self-empowerment (Bruscaglioni et al.,1996).*

4.2 Il ruolo della comunicazione

In modo generale si può parlare di comunicazione come un trasferimento continuo di informazioni che può interessare tutti gli organismi viventi, proprio per questo ci si può riferire a molteplici direttrici nella comunicazione ed è molto difficile arrivare alla formulazione di una teoria unitaria che renda conto di tutto lo spettro dei fenomeni; una multidisciplinarità che si articola tra ricerche e prassi di varie discipline che hanno affrontato il processo comunicativo spesso in contrasto tra di loro per definire demarcazioni e formule razionali per la tradizione retorico/classica, la filosofia, la sociologia, la linguistica, la psicologia sociale, la semiotica, la cibernetica, l' insegnamento ecc.

Un primo modello che interpreta la comunicazione come trasferimento di informazioni mediante segnali da una fonte a un destinatario e quindi, secondo una concezione lineare, cercando di evitare i fattori di disturbo (rumore) che possano ostacolare il preciso trasferimento del messaggio dalla fonte al ricevente è quello di Claude Shannon e Warren Weaver; una teoria matematica della comunicazione, che esigeva tecniche precise dal punto di vista fisico-matematico, e cioè studiare il trasferimento di segnali attraverso apparati tecnici di trasmissione. Le ricerche di Shannon e Weaver, oltre a dare la definizione di comunicazione, hanno anche elaborato uno schema sui processi comunicativi.[89]

L'obiettivo di tale teoria, è quello di individuare la forma generale di ogni processo comunicativo e quegli elementi che devono essere presenti quando si verificano dei passaggi di informazione.[90]

La fonte è l'origine dell'informazione, essa crea un messaggio che l'emittente trasforma in segnali; questi vengono trasmessi da un canale, fino al recettore che li riconverte nel messaggio ricevuto dal destinatario.[91]

Il rumore, può essere un ostacolo di disturbo lungo il canale e quindi distorcere i segnali che potrebbero essere confusi.

---

[89] DI FABIO A., *Counseling dalla teoria all'applicazione*, GIUNTI 1999.
[90] *Ibidem*
[91] *Ibidem*

Il modello matematico di Shannon e Weaver. 1949

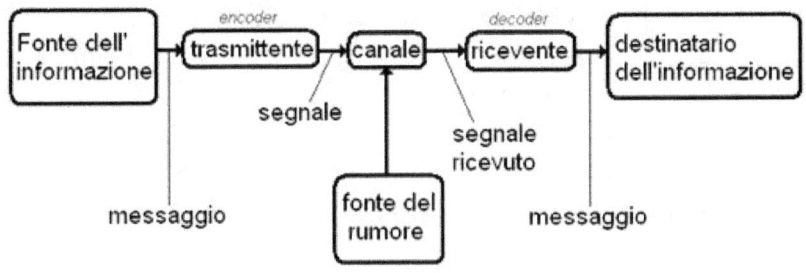

Schema n.6. *Modello matematico* (Shannon e Weaver, 1949).

Per rendere chiaro il significato dello schema, si possono immaginare due persone che dialogano: quando una delle due persone parla il suo cervello è la fonte dell'informazione, la voce il trasmettitore, le vibrazioni sonore il canale della comunicazione, l'orecchio di chi ascolta il recettore e il suo cervello il destinatario del messaggio.[92]

Il modello di Shannon e Weaver, ripreso da Tatar, Foster e Bobrow (Tatar, 1991) è definito anche parcel-postal model, e può essere schematizzato come il passaggio di un

---

[92] *Ibidem*

messaggio da un emittente ad un destinatario attraverso un canale che divide la conoscenza dalla comunicazione.[93]
Con questa indipendente esistenza, l'informazione diviene un oggetto che può essere trasportato attraverso il canale.
Il modello di Shannon e Weaver è stato modificato per l'importanza che hanno assunto negli anni '80 e '90 il lettore e l'interpretazione. È stato inserito un anello di retroazione tra ricevente ed emittente, quasi a sottolineare l'esigenza di assegnare un ruolo più attivo all'interlocutore. [94]

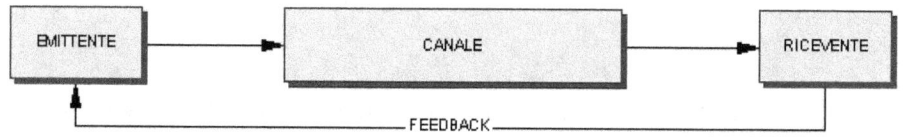

Figura n.4. *Modello di comunicazione.*

Se si riflette sulla retroazione del modello è interessante capire l'effetto che la stessa produce; se sia da considerare come risposta del ricevente all'emittente, o come nuovo messaggio o come interpretazione dello stesso.[95]

---

[93] *Ibidem*
[94] *Ibidem*
[95] *Ibidem*

L'inserimento della retroazione apparentemente assegna al ricevente un ruolo differente da quello previsto dal modello e in realtà inserisce un inquinamento intellettuale. Il modello parcel-postal presuppone la univocità del significato trasmesso. Se immaginiamo una comunicazione via fax potrà avere un feedback sulla ricezione ma non sul contenuto inviato o sulla sua interpretazione. [96]

Il concetto di comunicazione finora osservato, se integrato dai riferimenti prodotti da Peirce S.C.(1839-1914), diventa comunicazione interpersonale, dove la relazione tra due soggetti si arricchisce con la classificazione dei messaggi comunicativi provenienti da una realtà naturale e non prodotti intenzionalmente come gli indici, icone e simboli; e dove la comunicazione riuscita è quella che cambia, che produce senso, coinvolge e che deve proporre un *habit change* ovvero un cambiamento del destinatario, grazie al quale questi riesca a comprendere in modo più adeguato la realtà, e se ciò non avviene e un atto comunicativo lascia tutto invariato, la comunicazione non si può definire profonda ed efficace[97].

La comunicazione interpersonale si differenzia dal comportamento e dai messaggi naturali attraverso i caratteri di intenzionalità, che fanno riferimento al livello di consapevolezza sia da parte dell'emittente che del ricevente per la decodifica, e la processualità che si riferisce ad un

---

[96] RIGOTTI E.,CIGADA S. *La comunicazione verbale* APOGEO 2004

[97] Rigotti E.,Cigada S. op.cit.

sistema composto da soggetti attivi che costruiscano e condividano significati all'interno di contesti sociali. Si passa quindi da un modello rigido di Wiener con carattere lineare e relazioni essenzialmente di causa ed effetto, ad un modello di comunicazione interpersonale con una interazione circolare, dove sono presenti relazioni interattive basate sul feedback e dove l'influenza procede contemporaneamente in entrambe le direzioni; inoltre la comunicazione interpersonale si basa sull'interdipendenza di due modalità comunicative, la comunicazione verbale e la comunicazione non verbale.[98]

In una prospettiva psicosociale i significati riferiti alla percezione interpersonale possono trovare la loro armonizzazione. Nei modelli psicosociali la comunicazione è una relazione sia linguistica sia psicosociale. Anzieu e Martin (Anzieu, 1971) rifiutano il concetto di comunicazione come scambio del modello già analizzato *parcel-postal*, ed analizzano la comunicazione come situazione condivisa in cui due o più persone negoziano i significati.

La comunicazione è vista come l'incontro di campi di competenze possedute da differenti attori ed è definita come una attività multicanale e multi codice, e diviene un fenomeno globale che abbraccia tutte le relazioni e che, come enunciato da Watzlawick, (1971) è impossibile non comunicare.[99]

---

[98] DI FABIO A., *Counseling dalla teoria all'applicazione*, GIUNTI 1999.
[99] *Ibidem*

Le distorsioni e le interferenze nella trasmissione dei messaggi possono dipendere da molti fattori, come elementi oggettivi, elementi di personalità, elementi psicosociologici, sia da parte di chi emette la comunicazione, che da parte di chi la riceve: sono i campi di coscienza delle persone che determinano gli atteggiamenti intenzionali nel processo di comunicazione. Anzieu e Martin parlano di ostacoli, barriere, rischi, filtri ed aloni ed enumerano i mezzi per superarli : nel primo schema, che è riportato più avanti, è delineata la dinamica globale del passaggio comunicativo condizionato dai due filtri centrali, nel secondo schema sono sistemati progressivamente gli ostacoli oggettivi, di personalità e psicosociologici rispettivamente dell'emittente e del ricevente, le modalità di costruzione del messaggio, la disponibilità reciproca dell'emittente e del ricevente a comunicare tra di loro.(da: Pettigiani •Sica• 1996)[100]

---

[100] *Ibidem*

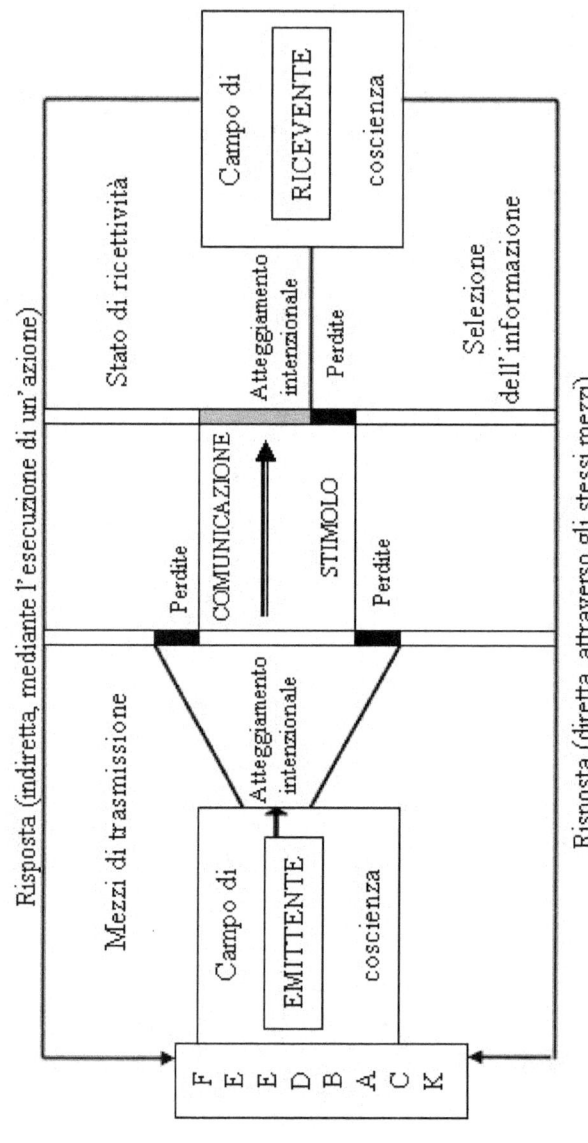

98

EMITTENTE — ELEMENTI — RICEVENTE

	EMITTENTE		ELEMENTI	RICEVENTE		
OGGETTIVI	DI PERSONALITA'	PSICOLOGICI	OSTACOLI MATERIALI	PSICOSOCIOLOGICI	DI PERSONALITA'	OGGETTIVI
CONCETTUALIZZAZIONE FORMULAZIONE SCELTA DEL MEZZO PROBLEMI TECNICI CONTESTO	PRESENTAZIONE SOGGETTIVA ATTEGGIAMENTO QUADRO DI RIFERIMENTO	STATUS E RUOLO SITUAZIONE		SITUAZIONE RUOLO E STATUS	PERCEZIONE DEFORMAZIONE INTERPRETAZIONE	COMPRENSIONE SATURAZIONE FORMULAZIONE E CONCETTUALIZZAZIONE

EMITTENTE → MESSAGGIO → RICEVENTE

EMITTENTE			TENERE CONTO	RICEVENTE
RISPETTO DELLA INFORMAZIONE ATTEGGIAMENTO OGGETTIVO CONOSCENZA DI SE STESSO METTERSI AL POSTO DELL'ALTRO	PRECISIONE DEL PENSIERO E "ECONOMIA" ESPRESSIONE CONVERGENZA MEZZI	DEFINIZIONE PRECISA: -modo; -obiettivi CONOSCENZA DELLA SITUAZIONE CULTURA PSICOLOGICA		1 DISPONIBILITA' CAPACITA' DI ASCOLTO 2 USCIRE DAL PROPRIO QUADRO DI RIFERIMENTO 3 FARE DELLE DOMANDE

FEEDBACK

Schema n.7. *Modello psicosociale Anzieu-Martin* (Pettigiani-Sica, 1996).

La persistenza teorica del modello trasmissivo deriva forse da una doppia valenza della comunicazione: la comunicazione è al tempo stesso condivisione di comunicati e negoziazione di comunicati.[101]

Nella condivisione vengono rese disponibili alla comunità informazioni e pensieri, nella negoziazione prendono forma nuovi concetti e si opera con prassi dialogiche, con la contrattazione, la discussione, e la mediazione. [102]

Un elemento di base nella comunicazione è la modalità nella quale avviene la trasmissione; abbiamo parlato di comunicazione verbale, che si concretizza nel linguaggio e quindi nell'utilizzo di un codice linguistico. Per codice si intende un sistema di simboli, condiviso da emittente e ricevente affinché la comunicazione possa aver luogo, e corrispondente a regole sintattiche e lessicali che attribuiscano lo stesso significato, confermando quanto già ribadito nella formazione della comunicazione in maniera circolare e basata sul concetto di feedback. Il codice linguistico utilizzato si configura come uno strumento di azione che l'emittente utilizza con uno scopo preciso utilizzando le diverse funzioni del linguaggio: in modo informativo-referenziale, per la descrizione di un fatto o il passaggio di un' informazione, in modo persuasivo-imperativo, esercitando un influenza sul ricevente al fine di

---

[101] *Ibidem*
[102] *Ibidem*

ottenere un comportamento o un'azione richiesta, in modo fatico o di contatto, per il mantenimento efficiente del canale comunicativo, in modo metalinguistico, per la spiegazione sul significato della stessa lingua, e in modo poetico nel riuscire ad ottenere effetti speciali linguistici.[103]

È necessario comunque evidenziare l'influenza del linguaggio non verbale sulle funzioni appena descritte, che nella fase di codifica e decodifica deve essere allineato all'espressione funzionale tradotta per evitare distorsioni nella comunicazione. Lo studio della comunicazione non verbale è piuttosto recente e si è affiancato agli indirizzi delle scuole tradizionali della linguistica, e ai diversi apporti di ricerca derivati dagli studi sul comportamento animale. Il linguaggio comunicativo non verbale si concretizza in un sistema di segnali inconsci, gestuali e di comportamento. Tale sistema si è evoluto dal regno animale alla specie umana e si presenta quanto mai interessante per allargare lo spettro di possibilità di informazione e comunicazione: infatti i vari codici del linguaggio del corpo trasmettono molto di quanto intendiamo esprimere e molto di quanto intendiamo nascondere.[104]

Hall (1966) parla di prossemica elaborando il significato dei rapporti spaziali fra le persone, e il grado ed il modo di stare vicini o di allontanarsi, in base al tipo di interazione, che costituisce una potente ed efficace comunicazione non verbale. Si evidenziano quattro distanze diverse: intima da 0

---

[103] *Ibidem*
[104] *Ibidem*

a 35 cm, personale da 50 cm a 1mt, sociale da 1 mt a 3 mt e pubblica oltre i 3mt, che individuano la linea di demarcazione del proprio spazio, ovviamente prendendo a riferimento un uguale codice culturale.[105]

Anche la cinesica con lo studio della cinetica del corpo umano, dei suoi movimenti, dei gesti e del loro significato, e la paralinguistica che si occupa delle emissioni vocali non semantiche, degli intercalari, del tono della voce, delle pause, e dei silenzi, arricchiscono il terreno della comunicazione non verbale.

Per quantificare l'importanza dei fattori comunicativi, di quanto evidenziato, rispetto alla modalità del linguaggio utilizzato, verbale, non verbale e paraverbale, nel caso di incongruenza tra le stesse modalità e la prevalenza rispetto all'interpretazione del significato, si può fare riferimento agli assunti di Mehrabian (1970), secondo il quale le parole rappresentate dal linguaggio verbale veicolano il 7% della comunicazione; il tono, il volume della voce, ecc., inclusi nella forma di linguaggio paraverbale il 38%, e il rimanente 55% è rappresentato dalla comunicazione non verbale.[106]

Per concludere, una nota sulla comunicazione e sul contributo dei recenti studi della programmazione neurolinguistica elaborata da J. Grinder e R. Bandler con il recupero di molti contributi della psicoterapia di Erikson, della cibernetica, della linguistica, delle teorie della personalità, del pensiero laterale. Uno studio sulle strutture

---

[105] *Ibidem*
[106] *Ibidem*

delle esperienze soggettive, che privilegia le aree analogiche della comunicazione, descrive gli effetti neurologici delle parole, dei simboli e delle idee sulla nostra vita e sulle nostre emozioni, e quindi il nostro grado di comprensione rispetto agli stessi. La programmazione neurolinguistica rende espliciti i modelli di comportamento compresi solo intuitivamente nelle relazioni con le parole e col linguaggio del corpo, interviene negli stati interni che si costruiscono attraverso processi percettivi del soggetto di fronte all' ambiente ed evidenzia in tale interazione le cosiddette mappe individuali della realtà, mediante le quali comunichiamo con gli altri.[107]

La programmazione neurolinguistica può fornire un importante contributo alle spiegazioni e alle interpretazioni delle difficoltà comunicative che emergono in un confronto che miri ad evidenziare la congruenza o meno tra gli aspetti consapevoli e quelli inconsapevoli della personalità individuale.

4.3 Il training dell'attribuzione

Le varie ricerche sul tema dell'attribuzione hanno come scopo quello di capire come le persone spiegano e attribuiscono le cause sia del proprio comportamento che del comportamento di altre persone.

---

[107]BANDLER R., GRINDER J., *La struttura della magia*, Astrolabio, 1981.

Le teorie sull'attribuzione analizzano le informazioni prese in considerazione per spiegare un evento e le conseguenze di tale spiegazione.

Il primo studioso che si è occupato dell'attribuzione causale è stato Heider (1958), che considera la persona profana come uno scienziato ingenuo che nel tentativo di spiegare il comportamento, sia proprio che altrui, colleghi il comportamento osservabile a cause non osservabili. Secondo Heider, il criterio per interpretare il comportamento consiste nel decidere il locus della casualità, ossia nello stabilire se la causa del comportamento risieda nella persona che lo ha prodotto o nell'ambiente circostante; quindi suddivide le cause del comportamento in cause interne, quali la capacità, lo sforzo, l'intenzione, ed esterne, quali la difficoltà del compito o la sfortuna.

Julian B.Rotter,(1966) attraverso il modello del *locus of control* spiega come la percezione che le persone hanno di se stesse e della realtà possa essere semplicemente un punto di vista, indipendente dai fatti reali, ovvero un modo con cui i fatti vengono interpretati; viene definito, quindi, il grado di percezione rispetto al controllo del proprio destino e degli eventi. Questo controllo può essere interno o esterno, le persone che hanno un locus of control interno attribuiscono la causa di ciò che accade a se stessi e al proprio intervento; le persone che hanno un locus of control esterno credono di avere poche possibilità di influenzare eventi, che dipendono, secondo loro, dal caso, da chi ha maggiore potere, ecc.[108]

---

[108] DE BENI R.- MOÈ A., *Motivazione e apprendimento*, Il Mulino, 2000

Ognuno di noi ha una dominanza di uno dei due stili di attribuzione. Le persone che possiedono un locus of control interno si sentiranno maggiormente responsabili delle loro azioni e avranno maggiori possibilità di successo. Nelle persone che hanno un locus of control esterno l'atteggiamento sarà più passivo rispetto alle situazioni della vita e tenderanno ad accettare gli eventi anche quando potrebbero essere modificati.

Tuttavia, al di là della dominanza, tutti noi utilizziamo l'attribuzione a cause sia interne classificate come autoattribuzioni o cause esterne o altrui classificate come eteroattribuzioni. Jones e Nisbett (1972) descrivono questa fattispecie come errore fondamentale di attribuzione o *bias* edonico, nel quale fanno notare che spesso esiste una tendenza ad attribuire i propri successi a stati interni, quindi pensare di riuscire perché siamo bravi o perché abbiamo messo molto impegno nel compito, mentre quando un'altra persona ottiene gli stessi risultati, allora ci spostiamo su spiegazioni esterne pensando quanto l'altro sia stato fortunato. Allo stesso modo quando si fanno errori o si fallisce in un compito si tende ad attribuire le cause a qualcosa di esterno, a fattori situazionali piuttosto che incolpare noi stessi. In maniera speculare quando gli altri non riescono in qualche compito o fanno errori, tendiamo ad usare su di loro attribuzioni interne, per esempio dicendo che il pessimo risultato che hanno ottenuto è da attribuire alle loro caratteristiche personali in quanto non si è evidenziato il loro impegno o sono poco intelligenti. Quando si cerca di attribuire una causa ad un evento ci si riferisce ad un *bias* di ragionamento, che dovrebbe prendere in esame sia aspetti riguardanti la persona, sia la situazione contingente, ma alcune volte questo risulta difficile per la mancanza di informazioni complete o corrette, e quindi il comportamento viene interpretato, per cui il processo attributivo è addotto al comportamento osservabile e dai suoi effetti e dalle disposizioni personali; questo atteggiamento trova corrispondenza della tesi sostenuta da Jones e Davis (1965) nella teoria dell'inferenza.[109]

Quando si parla di errore fondamentale con la definizione di *bias* edonico, si evidenzia sostanzialmente nel *bias* l'errore di ragionamento e nella dizione di edonico, la protezione del sé, potremmo dire una omeostasi del sé che consente di proteggere la propria autostima. Il formulare attribuzioni è quindi un modo per giustificare e spiegare il proprio comportamento nelle persone con un sufficiente livello di fiducia in se stessi; al contrario le persone con un basso grado di autostima tendenzialmente attribuiscono i loro insuccessi a fattori esterni o si caricano loro stessi della responsabilità dell'insuccesso. È importante considerare anche da quale ottica viene fatto il ragionamento causale, in quanto valutando il nostro ragionamento ci troviamo nella veste di attore, per il quale l'elemento fondamentale è la persona, ed ha la tendenza a ricercare le cause interne e difendere se stesso nel caso di successi, ed a giustificare gli insuccessi attribuendoli a cause esterne; in qualità di osservatore, invece, prende in esame la situazione e,

---

[109] DE BENI R.- MOÈ A. op.cit.

mancando di conoscenza rispetto alle vicissitudini dell'attore e alla temporalità dei comportamenti osservati oggetto dell'attribuzione causale, tenderà alla formulazione di attribuzioni riferendosi alla situazione in particolare per i successi.[110]

Come sottolineato da Regan e Totten (1975), l'errore fondamentale può essere ridotto o essere annullato dall'empatia, oppure essere ampliato in funzione di condizionamenti culturali o di stereotipi.[111]

Bernard Weiner (1979) ha aggiunto alla teoria dell'attribuzione delle specifiche interessanti. Oltre al locus of control ha individuato i due criteri per valutare la causa di un certo risultato: la stabilità per la quale le cause cambiano nel tempo oppure rimangono stabili in base ai contesti ed indipendentemente dal *locus;* e la controllabilità per la quale esistono cause che siamo in grado di controllare come le competenze, rispetto a cause che non possiamo controllare come la fortuna, le azioni degli altri, ecc....[112]

L'interazione di questi tre fattori spiega in modo ancora più preciso il modo di porsi e di reagire delle persone. Sintetizzando si può dire che sia fattori di sviluppo sia fattori ambientali contribuiscono a determinare lo stile attributivo di una persona. La storia personale di successi o insuccessi gioca un ruolo determinante ai fini dell'acquisizione di uno

---

[110] *Ibidem*

[111] *Ibidem*

[112] *Ibidem*

stile di attribuzione e, in particolare, i feedback ricevuti in modo esplicito o implicito dal mondo esterno.[113]

La valutazione della probabilità di riuscita non dipende dalla difficoltà del compito, ma dalle esperienze del passato che condizionano le aspettative per il futuro. Anche se il compito è arduo, il soggetto motivato non si lascia intimorire, ma è spinto a cimentarsi in esso ed è fiducioso nelle sue possibilità di riuscirvi. L'importanza di possedere un positivo sistema di attribuzione dei propri successi e insuccessi è particolarmente importante per quelle persone che nell'apprendimento incontrano difficoltà, e sono di conseguenza soggetti a un maggior numero di fallimenti e a veder calare le loro aspettative di successo: gli aspetti emotivo-motivazionali sono pesantemente coinvolti e il pericolo di demotivazione è sempre presente.[114]

Un possibile intervento, per modificare la modalità del proprio stile attribuzione può essere intrapreso attraverso un training attribuzionale. Il training attribuzionale tende a indurre cambiamenti nella tendenza del soggetto ad attribuire il fallimento alla mancanza di abilità, piuttosto che a cause rimediabili come l'uso di una strategia non appropriata. I trattamenti implicano di esporre la persona a una serie pianificata di esperienze. La presentazione di modelli di comportamento strategico, la collaborazione con il gruppo, l'esercizio e il feedback sono metodologie usate per proporre il modo di concentrarsi sul compito piuttosto

---

[113] *Ibidem*
[114] *Ibidem*

che preoccuparsi di un eventuale fallimento, e affrontare i fallimenti ripercorrendo i passi fatti per trovare gli errori e per trovare un altro approccio; a livello strategico è necessario attribuire gli insuccessi non alla mancanza stabile di abilità, ma all'uso di strategie inefficaci.[115]

---

[115] *Ibidem*

CAPITOLO QUINTO

STRUMENTI INNOVATIVI DI APPRENDIMENTO

5.1 Le mappe mentali

Una mappa mentale è essenzialmente riportare una rappresentazione grafica del pensiero.

Dalle scienze fisiologiche e psicologiche sappiamo che il nostro cervello ha un grande potenziale che è pronto per essere utilizzato. Le ricerche scientifiche ci hanno fornito importanti elementi sulla natura dei sistemi che il cervello usa per elaborare le informazioni e sull'utilizzo degli emisferi destro e sinistro nelle attività intellettuali. Le mappe mentali rappresentano ad oggi lo strumento più importante per usare al meglio le potenzialità umane.

Le mappe mentali , Mind Maps[116], che non vanno confuse con altri tipi di mappe come le mappe concettuali dalle quali si differenziano sia per la strutturazione, sia per il modello realizzativo, sia per gli ambiti di utilizzo, sono state teorizzate dal cognitivista Tony Buzan.

---

[116] Marchio registrato da Tony Buzan

Le mappe mentali attraverso l'esternalizzazione di un'immagine completa consentono al cervello di osservare la sua stessa attività, permettendogli di imparare di più su se stesso, e funzionando in armonia con i processi del cervello, utilizzano tutte le capacità corticali, e stimolano il cervello ad aprire un dialogo con se stesso.

Oggi esistono strumenti semplici, software, tablet, smartphone, che permettono anche a chi non ha dimestichezza con il disegno di produrre e condividere mappe di buona qualità.

L'ideazione delle mappe mentali venne a Tony Buzan agli inizi degli anni settanta, dopo aver tenuto per più di dieci anni lezioni in varie università sulla psicologia dell'apprendimento e sulla memoria, dove si rese conto che gli appunti per la sua lezione erano lineari e tradizionali, con le loro regolari dimenticanze e carenze comunicative, iniziando a notare la discrepanza tra la teoria che andava insegnando e ciò che realmente faceva.[117]

Da esperienze sul campo rilevò che si ripetevano tre stili principali di appunti: quello narrativo consistente nello scrivere in forma di racconto qualsiasi cosa che si vuole comunicare; lo stile a lista formato da un elenco di idee trascritte così come vengono in mente; e lo stile a schema numerico/alfabetico elaborato con la creazione di appunti disposti in sequenza gerarchica con categorie e sottocategorie. Ai tre stili se ne aggiungeva poi un quarto

---

[117] BUZAN, T., BUZAN B., *Mappe Mentali*, Alessio Roberti, Urgnano (BG) 2008.

poco utilizzato, e descritto come disordinato e disorganizzato, che si avvicina molto allo stile delle Mind Mapping. Nei tre stili sopra descritti i principali strumenti che venivano utilizzati erano la schematizzazione lineare, con appunti scritti in linee dritte con sequenza cronologica e gerarchica e con l'utilizzo della grammatica; l'utilizzo di simboli con lettere, parole e numeri; e l'analisi, ridotta da un punto di vista dell'efficacia, per l'utilizzo estremizzato della schematizzazione a svantaggio del contenuto.[118]

Se riflettiamo sui risultati delle indagini, riportate negli anni '60 dal prof. Roger Sperry , e da altri successivamente, sulla corteccia cerebrale, l'area del cervello più evoluta, constatiamo che gli emisferi cerebrali divisi in destro e sinistro sono dominati il primo dalle aree intellettuali riconducibili a ritmo, consapevolezza spaziale, Gestald delle cose, fantasia, colore e dimensioni, il secondo dominato da abilità mentali riconducibili alla logica, le parole, i numeri, la sequenzialità e linearità, l'analisi e le liste. Nonostante ogni emisfero sia dominante in alcune attività, le abilità identificate da Sperry sono distribuite su tutta la corteccia ed entrambi gli emisferi sono competenti in tutte le aree. In riferimento a quanto esposto, Buzan rilevò che nella maggior parte degli appunti redatti nei tre stili c'era una mancanza quasi totale di elementi tipo il ritmo visivo, il colore, l'immagine, la schematizzazione visiva, la dimensione, la consapevolezza spaziale, la Gestalt intesa come totalità, l'associazione, e constatò che il prendere

---

[118] *Ibidem*

appunti da parte dei discenti era di natura frustrante. In considerazione di quanto esposto, si evidenzia che questi elementi mancanti nello scrivere appunti nei tre stili principali sono essenziali per il completo funzionamento del cervello, ed in modo specifico per il richiamo delle informazioni durante l'apprendimento. Un altro elemento notato da Buzan negli scritti degli appunti era l'utilizzo di una penna monocolore, generalmente blu o nera, che rendeva mono-tono anche l'attività cerebrale. Gli appunti impostati nei tre stili riportati sfruttano meno della metà delle capacità della nostra corteccia cerebrale, per il fatto che le capacità che sono associate ai nostri emisferi destro e sinistro non possono interagire l'una con l'altra, e tendenzialmente sono incoraggiate a rifiutare e dimenticare.[119]

L'apprendimento con l'applicazione delle mappe mentali e l'utilizzo di entrambi gli emisferi cerebrali porterebbe una spirale ascensionale di movimento e di crescita.

Per comprendere meglio il lavoro di apprendimento attraverso le mappe mentali si deve far riferimento al concetto di radiant thinking, che deriva dal termine inglese radiant da to radiate, che significa diffondersi o muoversi verso una direzione o da un centro stabilito, [120]

«Lo schema di pensiero del tuo cervello potrebbe quindi essere visto come una gigantesca

---

[119] *Ibidem*
[120] *Ibidem*

macchina che fa associazioni che si ramificano, Branching Association Machine - BAM!, un super biocomputer con linee di pensiero che si irradiano da un numero praticamente finito di nodi di dati.
Questa struttura riflette le reti neuronali che costituiscono l'architettura fisica del tuo cervello.» [121]

Il radiant thinking è uno strumento potente per esprimere in modo naturale il funzionamento del nostro cervello e la struttura dei suoi processi di pensiero, che sviluppa attraverso l'utilizzo delle mappe mentali.[122]
Le caratteristiche essenziali delle mappe mentali riguardano: l'oggetto del nostro pensiero o l'obiettivo di apprendimento, disposto come immagine centrale; i temi principali dell'oggetto, che vengono riportati come rami diffusi dall'immagine centrale; i rami contengono un'immagine riferimento o una parola chiave scritta su una linea associata, anche gli argomenti di importanza minore sono descritti come rami, e attaccati ai rami di livello superiore; i rami formano una struttura nodale complessa.[123]
Con le mappe mentali si evidenzia la personalità di chi le crea, migliorandole ed arricchendole con colori, disegni che

[121] BUZAN, T., BUZAN B., op.cit. p. 66
[122] BUZAN, T., BUZAN B., *Mappe Mentali*, Alessio Roberti, Urgnano (BG) 2008.
[123] *Ibidem*

aggiungono interesse, potenziando la creatività e la memoria e il richiamo delle informazioni, permettendo di immagazzinare i dati in modo efficiente e moltiplicando le capacità intellettuali.[124]
Si riportano esempi di mappe mentali:

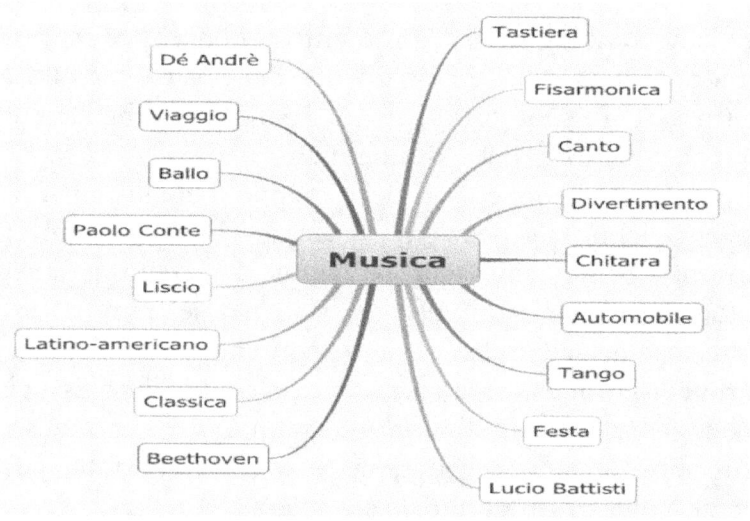

Figura n.4. *Mappa mentale* (realizzata con programma software MindMap).

[124] *Ibidem*

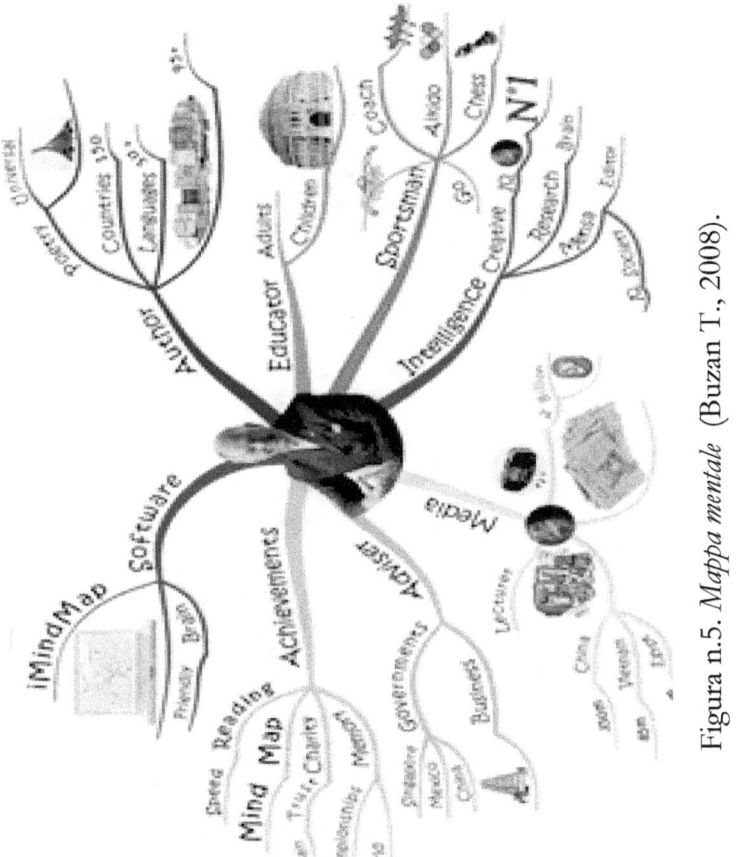

Figura n.5. *Mappa mentale* (Buzan T., 2008).

117

Figura n.6. *Mappa mentale, curriculum vitae*

Figura n.7. *Mappa mentale, curriculum vitae*

5.2 Le mnemotecniche

Il termine mnemotecnica deriva dal nome della dea Mnemosine, che nell'antica Grecia prendeva le sembianze della memoria di cui greci avevano grande considerazione. Molte leggende e narrazioni attribuiscono l'utilizzo di tecniche mnemoniche a personaggi della storia come Simonide, o Marco Tullio Cicerone. É interessante citare l'opera anonima *Hernanium*, forse attribuita allo stesso Cicerone, nella quale si parla della tecnica dei loci, dove i luoghi vengono presi come punto di riferimento per memorizzare le informazioni.

Cicerone, senza avere a disposizione le informazioni che sono state scoperte negli ultimi anni sul funzionamento della nostra mente, si era reso conto che associando varie idee attraverso le immagini e luoghi a lui familiari riusciva a ricordare le sue orazioni senza aver bisogno di alcun appunto. La tecnica si basava sulla capacità innata della nostra mente di associare diverse idee o immagini tra di loro.[125]

Questa tecnica era nota agli oratori dell'epoca classica, e anche a Sant'Agostino (354-430 a.C.) che nell'opera 'Le confessioni' la menziona come un valido ausilio per la sua memoria.

Nonostante la sua efficacia, questa tecnica in alcuni momenti

---

[125] NAVONE G., DE NONNO M. *Genio in 21 giorni* SPERLING & KUPFER 2012

storici fu abbandonata e ritenuta fonte di pensieri peccaminosi. Venne sintetizzata in una tecnica basata su semplici associazioni, ed in alcuni casi ritenuta inutile e complessa per il dover memorizzare molteplici informazioni non richieste dal pensiero logico. In alternativa si proponevano tecniche come gli acronimi che al contrario riducevano il materiale da memorizzare.

Spetta al filosofo e matematico tedesco Gottfried Wilhelm Leibniz (1646-1716) la formulazione delle regole e dei principi dell'organizzazione della memoria basati sull'associazione di un'immagine sensibile all'informazione da ricordare. A lui si devono anche i primi alfabeti visivi e numerici che avranno successivamente un'ampia diffusione nel mondo scientifico. Con l'inizio dei primi studi sperimentali sulla memoria nel XIX° secolo, le tecniche vengono elaborate grazie indagini scientifiche, e approfondite successivamente nel 900; queste tecniche sono ampiamente diffuse in America dove da oltre cinquant'anni vengono utilizzate sia nelle scuole manageriali, che nelle scuole primarie . In Italia rimane ancora una pratica poco diffusa.

Partendo dagli studi di Penfield W. (1891-1976) sul tessuto nervoso, si è evidenziato che la stimolazione di alcune aree del cervello può rievocare con grande chiarezza, avvenimenti anche dimenticati che sembrano riaffiorare con le stesse percezioni ed emozioni. Questi avvenimenti hanno dato una spiegazione precisa, relativamente all'assunto che cinque sensi percepiscono e immagazzinano le informazioni; quindi la nostra mente assume la forma di un deposito informazioni e può essere considerata un archivio perfetto, dove, tuttavia, le informazioni possono essere archiviate in maniera disordinata, proprio per questo la problematica maggiore e quella di rievocare le informazioni dalla nostra memoria. La metafora del nostro archivio mentale potrebbe essere ricondotta ad un vocabolario dove l'editore abbia dimenticato di mettere in ordine alfabetico le parole e quindi la ricerca dei vocaboli avverrebbe in modo casuale, disordinato, e sarebbe certo difficile ritrovare l'informazione in poco tempo. Quindi, la mente che apprende con tecniche di memoria può essere paragonata a un vocabolario che sia basato su un ordine alfabetico.[126]

Da queste affermazioni possiamo dedurre che la nostra memoria deriva unicamente dalla modalità di archiviazione e da come riusciamo a richiamare le informazioni che abbiamo immagazzinato.

Possiamo suddividere la memoria come memoria visiva, memoria associativa e memoria emotiva.

Le mnemotecniche si propongono quindi come un metodo efficace per ordinare al momento della percezione tutte le informazioni che si vogliono ritenere nel tempo, in maniera tale da sapere sempre in quale specifico cassetto della nostra memoria è possibile andarle a recuperare al momento opportuno, ciò viene realizzato sfruttando i seguenti principi: la visualizzazione e conseguente conversione dei dati in immagini, l'associazione di immagini e uso della

---

[126] *Ibidem*

fantasia allo scopo di creare immagini inusuali che possono coinvolgere emotivamente.

Uno dei primi passi da mettere in atto, indispensabile per la memorizzazione dei numeri e base del metodo, è la conversione fonetica; questo sistema, introdotto per la prima volta in Germania da Stanislaus Mink Von Wessenhein nel XVII secolo, ma divulgato principalmente da filosofo Leibniz, abbina ai numeri base da zero a nove non tanto le singole lettere vocali e consonanti quanto piuttosto i suoni grammaticali che dette lettere riproducono secondo la tabella riportata di seguito: [127]

1	(suono dentale)	= t, d	es: thè, ateo, etto, odio....
2	(suono nasale)	= n, gn	es: noè, neo, gnù, Anna....
3	(suono mugolante)	= m	es: amo, mio, Emma, miao....
4	(suono vibrante)	= r	es: re, aereo, oro, eroe....
5	(suono liquido)	= l, gl	es: leo, aglio, ali, olio...
6	(suono palatale)	= c, g	es: ciao, oggi, agio, Aci....
7	(suono gutturale)	= ch, gh, k, q	es: oca, ago, acqua, occhi...
8	(suono labiodentale)	= f, v	es: uva, afa via, ovvio....
9	(suono labiale)	= p, b	es: boa, ape, bue, Appia....
0	(suono sibilante)	= s, z, sc	es: zio, sci, osso, ascia....

[127] Ibidem

Tabella n.1. *Conversione fonetica* (materiale corso Memoteam, 2006).

L'acquisizione perfetta di questi suoni fonetici e la pratica necessaria per assimilarli tutti è essenziale per il metodo, ed è anche importante considerare sempre soltanto i suoni fonetici e non le lettere, in quanto a lettere uguali possono corrispondere suoni diversi.

Lo schedario mentale riportato più avanti[128] è una sorta di archivio all'interno del quale è possibile inserire qualsiasi tipo di informazione, ed è formato da cento schede o cassetti virtuali nei quali memorizzare le informazioni per poi poterle richiamare in perfetta sequenza o in ordine sparso con assoluta precisione; più si conosceranno le schede più avremo la possibilità di applicarle quotidianamente nello studio, nel lavoro, in tante situazioni della vita di tutti giorni.

Le schede, lo ricordiamo, sono come degli enormi cassetti dove inserire i concetti da memorizzare: ogni cassetto ha un'immagine dove collegare altre immagini tramite associazioni : PAV, che risponde all'acronimo Paradossale, Azione, Vivido, rappresenta le caratteristiche che deve avere l'immagine da associare a quanto deve essere memorizzato.

Cento cassetti, quindi, sono molti e permettono un utilizzo ampio e completo, tuttavia possono essere creati ulteriori cassetti, quindi altre schede dello schedario, da utilizzare per le memorizzazioni. Ciascuno può farlo come preferisce, purché le schede che si immaginano siano chiare e non si confondano tra loro.

---

[128] *Ibidem*

Con l'utilizzo continuo e costante del metodo, lo schedario farà parte del proprio modo di pensare e memorizzare, diventerà quindi uno strumento automatico come avviene per i pedali dell'automobile quando si guida da un po': si usano senza rendersene conto.

Con le tecniche di memoria si tratta di riprogrammare il proprio modo di pensare e memorizzare. Si può concludere dicendo che questo metodo produrrà nella persona che inizia a conoscerlo un processo per il quale il soggetto sarà:

inconsciamente incapace   *consciamente incapace*

consciamente capace   *inconsciamente capace*

Schedario Mentale Completo
Dalla Scheda 0 alla 100

0 = Sci	20 = Naso	40 = Razzo	60 = Gesso	80 = Vaso
1 = Tè	21 = Nido	41 = Rete	61 = Città	81 = Foto
2 = Noè	22 = Nano	42 = Rana	62 = Cina	82 = Vino
3 = Amo	23 = Nemo	43 = Ramo	63 = Cima	83 = Fiamma
4 = Re	24 = Nero	44 = Orario	64 = Cero	84 = Faro
5 = Leo	25 = Anello	45 = Rullo	65 = Uccello	85 = Foglie
6 = Ciao	26 = Noce	46 = Roccia	66 = Ciuccio	86 = Faccia
7 = Oca	27 = Nuca	47 = Riga	67 = Cicca	87 = Foca
8 = Uva	28 = Nave	48 = Riva	68 = Ciuffo	88 = Fava
9 = Boa	29 = Nube	49 = Arpa	69 = Jeep	89 = Fibbia
10 = Tazza	30 = Mazza	50 = Lessie	70 = Casa	90 = Pizza
11 = Dadi	31 = Moto	51 = Letto	71 = Chiodo	91 = Botte
12 = Donna	32 = Mano	52 = Luna	72 = Cono	92 = Pane
13 = Dama	33 = Mummia	53 = Lama	73 = Gomma	93 = Piuma
14 = Toro	34 = Muro	54 = Lira	74 = Carro	94 = Pera
15 = Tela	35 = Mela	55 = Lillà	75 = Colla	95 = Palla
16 = Doccia	36 = Micio	56 = Laccio	76 = Cuccia	96 = Bacio
17 = Tacco	37 = Mucca	57 = Lego	77 = Cocco	97 = Pacco
18 = Tuffo	38 = Muffa	58 = Lava	78 = Caffè	98 = Puffo
19 = Topo	39 = Mappa	59 = Lupo	79 = Coppa	99 = Pipa

100 = Discesa

Tabella n.2. *Schedario mentale* (materiale corso Memoteam, 2006).

5.3 Il problem solving

Il problem solving identifica l'insieme dei metodi e delle tecniche di soluzione dei problemi e delle relative strategie da mettere in atto. Dall'etimologia della parola proveniente dal greco pròblema, da proballo = metto avanti, propongo si può intendere:

- una questione da risolvere partendo da elementi noti mediante il ragionamento.
- un problema di aritmetica, di geometria, di algebra. I dati del problema sono in questo caso gli elementi noti.
- una questione, situazione difficile o complessa di cui si cerca la soluzione.

Problem solving: letteralmente soluzione di problemi, l'espressione inglese è stata adottata in tutte le lingue. Rispetto alla parola italiana soluzione il termine inglese in - *ing* rafforza il significato di un atto in corso di svolgimento. Tale termine designa la situazione psicologica nella quale si viene a trovare una persona quando, in conformità ad una varietà di dati e anche di richieste, deve affrontare un problema; e anche quell'insieme di ricerche e di teorizzazioni che sono state dedicate allo studio psicologico dei suoi vissuti, così come alle difficoltà che essa incontra e agli elementi di facilitazione che può essa stessa introdurre o possono esserle messi a disposizione. Si può affermare che il problem solving è un atto d'intelligenza, nella misura in cui comporta una partecipazione attiva e creativa, e un elemento di scoperta personale, e non si limita solo al comprendere una spiegazione fornita da altri.

Lo studio della soluzione di problemi è un campo di ricerca originariamente creato dalla psicologia del pensiero, una branca della psicologia sperimentale che si occupa dello studio fenomenologico delle diverse modalità ideative quali l'immaginazione, il ragionamento, ecc., al fine di isolare i fattori psicologici che le determinano.

Scrive il Kanizsa:

> «Un problema sorge quando un essere vivente, motivato a raggiungere una meta, non può farlo in forma automatica o meccanica, cioè mediante un'attività istintiva o attraverso un comportamento appreso».[129]

Affinché ci sia un problema devono verificarsi due condizioni: la presenza di una motivazione che spinge a perseguire un fine e l'indisponibilità della strategia necessaria per raggiungerlo. La motivazione, vale a dire la spinta ad agire, può essere rappresentata da un bisogno fisiologico o da bisogni propri del soggetto, ad esempio la curiosità; di conseguenza il problema susciterà degli interrogativi, delle domande, configurandosi come una situazione problematica. Afferma il Kanizsa che :

---

[129] KANIZSA G., *Il "problem solving" nella psicologia della Gestalt*, in: MOSCONI G., D'URSO V. (a cura di), *La soluzione dei problemi*, GIUNTI-BARBERA,FIRENZE, 1973, p. 31-35.

«si è sempre assunta l'esistenza del problema come un dato, come un fatto esistente per sé e non richiedente ulteriore comprensione...Ma questa assunzione del problema come dato dal quale partire è arbitraria: il problema non è un dato, un fatto naturale, ma è... un prodotto psicologico. Si converrà senza difficoltà che esiste un problema solo là e quando vi è una mente che vive una certa situazione come problema. Diciamo di più, e più esattamente: vi è problema solo quando la mente crea o determina il problema; vi è problema solo nella dimensione psicologica, non in quella naturale, od oggettiva».[130]

A tal proposito è indispensabile che il problema sia ben posto, ed eventualmente, in seguito ad una sua ri-formulazione, sia stato ben compreso.
Un problema rappresenta in modo semplice la differenza fra ciò che si possiede e ciò che si vuole. La generazione e la risoluzione dei problemi sono il fondamento del pensiero avanzato e del progresso.[131]
In qualsiasi problema ci sono degli obiettivi da raggiungere, e conseguentemente qualcosa che si desidera far accadere che può assumere diverse forme: risolvere delle difficoltà, far accadere qualcosa di nuovo o eliminare qualcosa di

[130] *Ibidem*
[131] DE BONO, E., *Creatività e pensiero laterale*, Rizzoli, Milano, 2004.

insoddisfacente; a questi aspetti per attivare un cambiamento deve essere messo in atto un processo che preveda di stabilire qual è il vero problema; la possibilità di raccogliere e analizzare i dati; la definizione precisa; l'obiettivo; l' identificazione delle possibili soluzioni; la scelta della soluzione migliore.[132]

Lo studio su come si svolgono i processi di pensiero di fronte ad una situazione problematica è stato profondamente influenzato dalle concezioni teoriche e dalle analisi sperimentali degli psicologi di orientamento gestaltista, in particolare di Wertheimer, Köhler, Koffka, Duncker.

Il termine problem-solving s'incontra raramente negli scritti degli psicologi gestaltisti che preferiscono parlare di pensiero produttivo.

Questa preferenza mette in risalto la convinzione che l'attività non si riduca ad una mera riproduzione del passato, al riemergere di idee, di immagini, di comportamenti che sono già esistiti, ma che, accanto a quell'attività riproduttiva, ci siano anche processi che producono veramente il nuovo, che creano ciò che non è ancora stato, che fanno scaturire l'idea mai sorta prima, almeno nella mente di quel determinato organismo pensante.

Le ricerche degli psicologi della Gestalt sono rivolte a stabilire la fenomenologia di questi processi produttivi e le caratteristiche che li distinguono da quelli meramente riproduttivi, ad individuare le condizioni che li favoriscono e

---

[132] *Ibidem*

quelle che li ostacolano, a localizzare i momenti decisivi del processo, quando si sprigiona il lampo della comprensione. Le prime ricerche condotte nello spirito di quest'indirizzo furono quelle di Köhler; egli studiò, tra il 1914 e il 1917, il comportamento di animali e in particolare di scimpanzé posti in situazioni problematiche molto semplici, ad esempio uno scimpanzé doveva trovare il modo di impossessarsi di una banana appesa al soffitto di una gabbia, o collocata all'esterno di questa ad una certa distanza dalle sbarre, avendo a disposizione alcuni oggetti che avrebbe potuto utilizzare come strumenti: un bastone, una cassa, una scala portatile, ecc.. Köhler ha così potuto stabilire che questi animali sono capaci di ristrutturazioni improvvise dell'ambiente, che costituiscono una soluzione del problema ad es. portando la cassa, sino a poco prima usata solo come recipiente o sedile, sotto la banana e utilizzandola come mezzo per alzare il livello del pavimento, ecc.. Egli osservò che dal comportamento concreto dell'animale e dalla sua ristrutturazione oggettiva di tale ambiente era possibile risalire ai processi di ristrutturazione che potevano avere avuto luogo nella sua rappresentazione cognitiva dell'ambiente:

« E' come se – osservò Köhler – nella mente dello scimpanzé due oggetti prima estranei uno all'altro fossero entrati fra loro in rapporto, nel senso di "mezzo-obiettivo".»

131

Köhler suppose che il pensiero ed il problem solving non erano la semplice somma di stimolo-risposta, ma che doveva in qualche modo avvenire una percezione globale del problema come totalità funzionale.[133]

Il problema, cioè, diventava comprensibile e risolvibile proprio perché i rapporti tra gli elementi in gioco improvvisamente si mostravano agli occhi dell'individuo in tutta la loro evidente chiarezza. Questo fenomeno, vitale per l'evoluzione del processo di pensiero, fu indicato dai gestaltisti con il termine di Einsicht o, in inglese, insight che letteralmente significa "vedere dentro", cioè intuire. Fu però il lavoro di M. Wertheimer a chiarire il significato di struttura e di insight nell'ambito più specifico dell'insegnamento (ed in particolare proprio della matematica , campo prediletto dallo psicologo praghese).

Dal laboratorio, dove studiava la percezione, egli passò in classe, dove studiò gli allievi. Il pensiero che comprende una struttura venne da lui ribattezzato pensiero produttivo, cioè quel tipo di pensiero che, partendo da un problema, produce una struttura nuova avente carattere di soluzione.

Il lavoro di Wertheimer ha per oggetto il pensiero umano e si svolge attraverso un'analisi minuziosa ed affascinante del modo in cui concretamente una persona affronta un problema, si affatica intorno ad esso, ed infine lo risolve. Egli ha analizzato, al riguardo, situazioni di vario tipo, alcune

---

[133] WANDERLINGH E., RUSSO D. *Professione psicologo* ALPHA TEST 2011

relative alla storia del pensiero scientifico, altre costituite da problemi aritmetici o geometrici adatti a bambini della scuola elementare o media, ed altre ancora relative alla vita quotidiana .

Secondo Wertheimer è necessario osservare la situazione liberamente, a mente aperta, con una visione complessiva, cercando di capire fino in fondo, di rendersi conto, di mettere in evidenza la relazione interna che esiste tra la forma e il compito assegnato, giungendo, nei casi migliori, alle radici della situazione, illuminando e rendendo trasparenti i caratteri di struttura essenziali.

Le caratteristiche delle soluzioni genuine, quelle soluzioni cioè auspicabili in una corretta procedura di insegnamento-apprendimento, sono dunque: evitare di essere legati, accecati da abitudini; non limitarsi a ripetere pedissequamente ciò che viene insegnato; non procedere con un modo di pensare meccanico, con un atteggiamento eminentemente analitico, per mezzo di operazioni di analisi. [134]

In letteratura sono presenti diverse schematizzazioni del processo di problem solving tra le quali una delle più utilizzate si riferisce all'acronimo F.A.R.E., che indica tutte le fasi per arrivare alla soluzione:

---

[134] *Ibidem*

FASI	OPERAZIONI MENTALI	RISULTATI
Focalizzare	Selezionare il problema Verificare e definire il problema	Descrizione scritta del problema
Analizzare	Decidere cosa è necessario sapere Raccogliere i dati di riferimento Determinare i fattori rilevanti	Valori di riferimento Elenco dei fattori critici
Risolvere	Generare soluzioni alternative Selezionare una soluzione Sviluppare un piano di attuazione	Descrizione della soluzione del problema Piano di attuazione
Eseguire	Impegnarsi al risultato aspettato Eseguire il piano Monitorare l'impatto durante l'implementazione	Impegno organizzativo Piano eseguito Valutazione dei risultati

Schema n.8. *Processo di problem solving* (Formisano M., 2006).

Nel 1948 Laswell H.D. formulò uno degli ormai più noti modelli dell'atto comunicativo, per il quale secondo l'autore ogni modalità di comunicazione corrisponde implicitamente alla risposta alle seguenti domande che si basano su cinque W e due H che schematizzano i passi necessari per affrontare la soluzione di un problema:

Who – chi è il referente o il committente, a chi ci si rivolge
What – che cosa si deve fare (progetto)
Where – dove si deve intervenire
When – quando va fatto
Why – perché si fa (obiettivo)
How - come si deve fare – questo è lo sviluppo stesso del progetto.
How – quanto costa.[135]
Questo modello, influenzato fortemente dal comportamentismo, prende come assunto di base la asimmetria dei ruoli in base alla quale è sempre l'emittente l'unico a ricoprire un ruolo attivo e a prendere l'iniziativa della comunicazione, i cui effetti investono i destinatari passivi che ricevono il messaggio e reagiscono comportandosi in modo conforme alla volontà del comunicatore, non prendendo in considerazione il contesto comunicativo.

«Risolvere problemi significa trovare una strada per uscire da una difficoltà, una strada per aggirare un ostacolo, per raggiungere uno scopo che non sia immediatamente raggiungibile. Risolvere problemi è un'impresa specifica dell'intelligenza e l'intelligenza è il dono specifico del genere umano. Si può considerare il risolvere

---

[135] BENTIVEGNA S., *Teorie delle Comunicazioni di Massa* ,Laterza, Roma,2003

problemi come l'attività più caratteristica del genere umano.» (G. POLYA)[136]

5.4 L'apprendimento in rete

Nella società attuale ci troviamo di fronte a un cambiamento di dimensioni epocali, oltre che globali. Le continue novità tecnologiche e digitali hanno prodotto uno sconvolgimento della realtà sociale, economica e culturale d'inizio millennio.
Internet e, in generale, l'avvento delle ICT[137] hanno modificato nel profondo i processi cognitivi, i comportamenti individuali e collettivi, il modo di accedere all'informazione e di comunicare. Oggi la maggior parte delle interazioni umane avviene sulla rete; essa costituisce il luogo, reale e virtuale, nel quale si produce, si archivia e trasmette il sapere.
Nella società dell'informazione si ha l'esigenza fondamentale di conoscere e di essere il linea con l'evoluzione tecnica. Si comincia a sentire l'esigenza di una formazione aperta e flessibile, estesa per tutta la vita, *lifelong learning*, che possa proseguire anche durante l'età adulta, oltre i limiti spazio-temporali imposti dalla formazione accademica, e che sia costantemente integrata con l'esperienza e la pratica

---

[136] COLOMBO BOZZOLO C., A. COSTA, C. ALBERTI *Nel mondo della matematica* vol.2 Ed. Erickson, 2006 p.22

[137] Information and Communication Technology

professionali. Il bisogno di aggiornare e riconvertire le proprie competenze in modo continuo nel corso della vita, rende necessario individuare nuovi strumenti per supportare la formazione.

I cambiamenti socio-culturali, conseguiti alle radicali innovazioni introdotte nel sistema dei media, influenzano i processi di produzione e scambio della conoscenza, e inevitabilmente vengono a ricadere anche sui modelli di insegnamento ed apprendimento tradizionali. In ambito pedagogico-didattico questo ha prodotto una rivoluzione radicale.[138]

Dall'incontro della comunicazione mediata dal computer e delle tecnologie digitali con le problematiche della formazione si è delineata una nuova area di ricerca teorica e applicazione pratica, che pone l'attenzione sui modelli comunicativi, relazionali, sociologici e pedagogici, ed evidenzia, dai più recenti sviluppi, gli interrogativi ricorrenti nell'attuale dibattito sul tema, sempre aperto a nuovi contributi, per proporre possibili soluzioni alle problematiche esistenti. L'intento è di esaltare le potenzialità offerte dalle nuove tecnologie, integrandole con le migliori strategie didattiche, al fine di rendere la formazione online ancora più efficace. Il complesso e attualissimo tema dell'e-learning, caratterizzato dalla formazione messa in atto tramite le tecnologie di rete ed erogata in ambienti di apprendimento virtuali, condurrà alla progressiva evoluzione

---

[138] BONAIUTI G. E-learning 2.0: *il futuro dell'apprendimento in rete, tra formale e informale* Gardolo (Trento) : Erickson, 2006.

degli strumenti e degli ambienti Web e continuerà a produrre, in un   prossimo futuro, nuove possibilità di utilizzo, anche in ambito didattico.[139]

Nella scuola, nell'impresa e nella formazione, la necessità di aggiornare le competenze di lavoratori con altre più adeguate a rispondere alle caratteristiche dei nuovi mercati e della nuova società, attraverso modalità innovative che tengano conto anche dei fabbisogni dei lavoratori, presuppone cambiamenti a livello organizzativo e maggiori investimenti nelle risorse umane.

A livello comunitario, l'obiettivo ambizioso di trasformare l'Europa in una delle economie della conoscenza più competitive al mondo si basa su una serie di interventi che gli Stati membri dovranno porre in atto, relativi alla realizzazione di un sistema di formazione continua, al potenziamento delle competenze di base, all'alfabetizzazione digitale, a una maggiore sinergia tra scuole e imprese, all' eliminazione di qualsiasi forma di discriminazione sociale.

A livello tecnologico, la diffusione della banda larga e la penetrazione sempre maggiore di Internet, hanno offerto nuove possibilità sul piano professionale e comportato notevoli trasformazioni sul piano sociale, facilitando l'acquisizione di un gran numero di informazioni, incoraggiando l'estensione dei rapporti umani, offrendo nuove modalità di interazione.[140]

All'interno di tali cambiamenti, un ruolo centrale è ricoperto

---

[139] *Ibidem*
[140] *Ibidem*

dall'e-learning e, più in generale, dalle pratiche educative che si basano sull'utilizzo dei nuovi media. Il loro potenziale applicativo, infatti, li rende idonei a rispondere concretamente alle esigenze del mondo del lavoro attuale e agli obiettivi individuati dall'Unione Europea per costruire una Società dell'Informazione competitiva.

La rete offre inoltre una inesplorata gamma di opportunità di apprendimento informale che si affiancano all'e-learning, e in alcuni casi si può verificare una sovrapposizione tra il modello dell'e-learning e le opportunità offerte da Internet al di fuori delle piattaforme. Infatti, con il formarsi di comunità di interesse attorno a problemi da affrontare, Internet può diventare esso stesso un ambiente di apprendimento. Anche l'avvento di blog podcast è un aspetto che riguarda gli strumenti e le metodologie degli intergruppi collaborativi che hanno creato un'attenzione sempre più in crescita. Sono ancora molti, in ogni caso, i problemi da affrontare legati all'applicazione di queste nuove metodologie, relativi, non solo a concreti interventi sul piano organizzativo, ma anche ai cambiamenti culturali che essi comportano.[141]

---

[141] *Ibidem*

6. CONCLUSIONI

Pensando ai destinatari del concetto di apprendimento nel senso più ampio del termine, si può fare riferimento alla persona come tale e non meglio identificata in un suo periodo temporale.

La parola apprendimento spesso sposta l'attenzione sul bambino e sull'adolescente nel periodo scolastico, e si è portati a presumere che l'adulto dopo gli studi abbia poco da apprendere, ma è bene riferire sul concetto di apprendimento nella vita, in quanto apprendere conoscenza sviluppa la nostra mente creativa.

E' importante focalizzare l'attenzione sulla panoramica delle teorie dell'apprendimento descritte, che fornisce le basi per considerarne l'evoluzione e riconoscerne il continuo riferimento anche nell'attualità.

Il filo conduttore di questo libro è proprio la curiosità di apprendere e l'approfondimento delle sfaccettature che il concetto di apprendimento racchiude; la complementarità dei vari aspetti che, unita alle caratteristiche individuali di ogni persona e alla motivazione personale, fanno leva sulla riuscita dell'obiettivo di apprendimento.

E' importante il riferimento allo sviluppo delle capacità metacognitive e la messa in atto di strategie di *empowerment* che si basano sul potenziamento della stima di sé, dell'autoefficacia e dell'autodeterminazione per portare l'individuo ad essere cosciente del suo potenziale ed assistere al rovesciamento della percezione dei propri limiti in vista del raggiungimento di risultati superiori alle proprie aspettative.

Un altro aspetto interessante da prendere in esame è la comunicazione intesa come la modalità di linguaggio utilizzato per relazionarsi, e sulla quale si riflette per i molteplici effetti dell'interpretazione che la modalità comunicativa possa avere sugli altri e come possa far interpretare agli altri la nostra persona; le convinzioni ed i limiti che la comunicazione possa contrapporre all'apprendimento e il riferimento ai temi della programmazione neurolinguistica come diverso approccio comunicativo e dialettico.

Importante anche la considerazione degli strumenti innovativi dell'apprendimento come l'utilizzo del problem solving e l'apprendimento in rete e tecniche ancora poco utilizzate in Italia, soprattutto nell'apprendimento didattico, come le mappe mentali, le mnemotecniche, che meriterebbero di essere inserite nei programmi curricolari a vantaggio dei giovani che gioverebbero di una semplificazione nella modalità di apprendimento e svilupperebbero velocemente grandi capacità creative.

Concludo con una citazione, come stimolo di motivazione all'apprendimento:

> «La conoscenza che viene acquisita con l'obbligo non fa presa nella mente. Quindi non usate l'obbligo, ma lasciate che la prima educazione sia

una sorta di divertimento; questo vi metterà maggiormente in grado di trovare l'inclinazione naturale del bambino.»

Platone

LISTA DELLE ABBREVIAZIONI

ecc.	Eccetera
op. cit.	opera citata
p./pp.	pagina/pagine
ed al.	ed altri
es.	Esempio
tr. it.	traduzione italiana

BIBLIOGRAFIA

AJELLO A.M. *"Apprendimento e competenza: un nodo attuale"* in *scuola e città* anno LII, n.1, 2002 p.24-41.

BANDLER R., GRINDER ., *La struttura della magia,* Astrolabio 1981.

_____, *Programmazione neurolinguistica. Lo studio della struttura dell'esperienza soggettiva,* Astrolabio, Roma 1982.

BANDURA A., *Autoefficacia: teoria e applicazioni.* Tr. it. Erikson, Trento 2000.

BATTACCHI MARCO W. *Trattato enciclopedico di psicologia dell'età evolutiva* Piccin-Nuova Libraria 1999.

BLANDINO G., GRANIERI B., *La disponibilità ad apprendere,* Raffaello Cortina, Milano, 1995.

BONAIUTI G. *E-learning 2.0: il futuro dell'apprendimento in rete, tra formale e informale* Gardolo (Trento), Erickson 2006.

BROTINI M., *Le difficoltà di apprendimento,* Tirrenia, Edizioni Del Cerro, 2000.

BRUNER J.S., *Il conoscere – Saggi per la mano sinistra,* Armando, Roma 1968.

_____, *La mente a più dimensioni,* Laterza, Bari 1988.

BUZAN T., *Usiamo la memoria,* Frassinelli 1987.

_____, *Usiamo la testa,* Frassinelli 1982.

BUZAN, T., BUZAN B., *Mappe Mentali, Alessio Roberti,* Urgnano (BG) 2008.

COLOMBO BOZZOLO C., A. COSTA, C. ALBERTI *Nel mondo della matematica* vol.2 Ed. Erickson 2006.

CORNOLDI C., Le difficoltà di apprendimento a scuola, Bologna, Il Mulino, 1999.

CHOMSKY N., *Linguaggio e problemi della conoscenza*, Bologna, Il Mulino 1998.

_____, *Il linguaggio e la mente*, Torino, Bollati Boringhieri, 2010.

COVEY, S.R., *Le sette regole per avere successo*, Franco Angeli, Milano 2005.

D'ALFONSO R. *Progettare la scuola,* vol,1 n.7. 2000, pp.24-41.

D'AMATO A., MAJER V., *Il vantaggio del clima.* Milano, Raffaello Cortina editore 2005.

DE BENI R.- MOÈ A., *Motivazione e apprendimento*, Il Mulino 2000.

DE BONO, E., *Creatività e pensiero laterale*, Rizzoli, Milano 2004.

DE GRADA, E., MANNETTI, L., *L'attribuzione causale. Teorie classiche e sviluppi recenti*, Il Mulino, Bologna 1988.

DI FABIO A., *Counseling dalla teoria all'applicazione*, GIUNTI 1999.

DWECK C.S., *Teorie del sé. Intelligenza, motivazione, personalità e sviluppo*, Erickson, Trento, 2000.

FRACCAROLI F., *Apprendimento e formazione nelle organizzazioni. Una Prospettiva psicologica.* Il Mulino 2007.

FRANCESCATO D., TOMAI M., E. M. MINOU, *Psicologia di comunità per la scuola, l'orientamento e la formazione,* Il Mulino 2004.

FRANTA H., COLASANTI A.R., *L'arte dell'incoraggiamento*, La Nuova Italia Scientifica, Firenze 1995.

GARDNER H., *La nuova scienza della mente*, Feltrinelli, Milano 1988.

_____, *L'educazione delle intelligenze multiple: dalla teoria alla prassi pedagogica*, Anabasi, Milano 1995.

GIACONI C. Le vie del costruttivismo Armando Editore, 2008.

GOLEMAN D., *L'intelligenza emotiva*, Milano Rizzoli, 1999.

GUARITO M.A., *Tecnologie e processi cognitivi, insegnare e apprendere con la multimedialità*, Milano, Angeli 1997.

HARMAN W., RHEINGOLD H., *Creatività superiore. Come liberare le intuizioni dell'inconscio*, Astrolabio 1986.

HILGARD E., *Psicologia, corso introduttivo*, Giunti Barbera, Firenze 1971.

HILGARD E. – BOWER G., *Le teorie dell'apprendimento*, Angeli, Milano 1971.

ISIDORI M.V:, VACCARELLI A., *Formazione e apprendimento in situazioni di emergenza e di post-emergenza*, Armando Editore 2012.

LEGRENZI P., Come funziona la mente, Laterza, Bari 1998.

KANIZSA G., *Il "problem solving" nella psicologia della Gestalt*, in: Mosconi G., D'Urso V. (a cura di), *La soluzione dei problemi*, Giunti-Barbera Firenze, 1973.

KNOWLES M., *Quando l'adulto impara, pedagogia e andragogia*, Angeli Milano 1993.

LINDASY P.H., NORMAN D.A., *L'uomo elaboratore di informazioni*, Firenze, Giunti-Barbera, 1983.

LOVETT M.C., *Teaching Metacognition: presentation to the educational learning iniziative* annual meeting, 29 January 2008.

MACCHI C.,VALENZA E., SIMION F. *Lo sviluppo cognitivo- Dalle teorie classiche ai nuovi orientamenti*, Il Mulino 2004.

MAXWELL M., *Psico-cibernetica*, Astrolabio, Roma 1965.

MARIANI L., *Saper Apprendere: atteggiamenti, motivazioni, stili e strategie per insegnare a imparare*, Libreriaunivarsitaria.it 2010.

_____, *Lingua e Nuova Didattica*, Anno XXXII, No. 2, Aprile 2003.

_____, *Relazione tenuta al Seminario AICLU* (Associazione Italiana Centri Linguistici Universitari) *"European Language Portfolio"* - Scuola Superiore di Lingue Moderne per Interpreti e Traduttori Trieste, 5 ottobre 2007.

MARIANI L., POZZO G., *Stili, Strategie e Strumenti nell'Apprendimento Linguistico. Imparare a Imparare, Insegnare a Imparare*, La Nuova Italia – RCS Firenze-Milano 2002.

MARINI F., *Successo ed insuccesso dello studio: la teoria attribuzionale della motivazione scolastica*, Milano, Angeli 1999.

MASLOW A.H., *Motivazione e personalità*, Armando, Roma, 1990.

MASON L., *Psicologia dell'apprendimento e dell'istruzione* Mulino 2006.

NICOLETTI R., RUMIATI R., *I processi cognitivi* Il Mulino 2006.

OSTINELLI G., *Motivazione e comportamento*. Erickson, Trento, 2005.

PORCELLI, R., *Valutazione dell'efficacia dell'apprendimento collaborativo in contesti didattici faccia a faccia e on line, tesi di dottorato*, Università degli studi di Roma "La Sapienza" 2004.

PAZZAGLIA F, MOÈ A., FRISO G., RIZZATO R., *Empowerment cognitivo e prevenzione dell'insuccesso,* Trento Erickson 2002.

RAVAZZOLO C., DE BENI R., MOÉ A., *Stili attributivi motivazionali,* Erickson, Trento, 2005.

PIAGET J., *Il linguaggio e il pensiero del fanciullo,* Giunti Barbera, Firenze 1976.

_____, *La nascita dell'intelligenza nel fanciullo,* Firenze, Giunti-Barbera universitaria, 1968.

_____, *Logica e psicologia,* Firenze, La Nuova Italia, 1969.

_____, *Psicologia ed epistemologia: per una teoria della conoscenza,* Loescher, Torino 1971.

PICCARDO C., *Relazione al Master sui modelli di comunità –* Fondazione mediterraneo, 2001.

PLUMMER D., *La mia autostima,* Erickson, Trento 2002.

POSSENTI M., *Tecniche di memoria e lettura veloce,* Giunti Demetra, Firenze, 2009.

RACCOMANDAZIONE 2006/962/CE del Parlamento europeo e del Consiglio, del 18 dicembre 2006, relativa a competenze chiave per l'apprendimento permanente [Gazzetta ufficiale L 394 del 30.12.2006, pag. 10]

RICCHIARDI P., *Creare e potenziare la motivazione ad apprendere. Risultati di ricerca e strategie di intervento,* Stampatori Libreria 2003.

ROSENSHINE B. 1986 *Journal of Teacher Education* vol. 38 no. 3 34-36 May 1987

SOLA G., *Storia della scienza politica: teorie, ricerche e paradigmi contemporanei,* Nuova Italia scientifica 1996.

STERNBERG R.J., *Stili di pensiero*, Trento Erickson 1998.

TRENTIN G., *Insegnare e apprendere in rete*, Bologna, Zanichelli 1998.

TRINCHERA R., *Valutare l'apprendimento nell'e-learning*, Trento Erickson 2006.

VYGOTSKIJ L.S., *Il processo cognitivo*, Torino, Bollati Boringhieri 1978.

_____, Pensiero e linguaggio, Firenze, Giunti-Barbera 1966.

_____, *Studi sulla storia del comportamento*, Giunti, Firenze 1987.

WANDERLINGH E., RUSSO D. *Professione psicologo* Alpha test 2011.

WATZLAWICK, P., *Il linguaggio del cambiamento*, Feltrinelli, Milano 1999.

www.ingramcontent.com/pod-product-compliance
Lightning Source LLC
Chambersburg PA
CBHW060519290526
45791CB00001B/457